# 乃笑(Noemie)の笑み(え)

一番行きたくなかった国
バングラデシュ

川嶋乃笑

子どもたちは学校までたくさん歩かないといけなかったけど、
授業を楽しみに、笑顔で学校に向かっていた。

子どもたちの学校には小さな教室が3つしかなかったけど、
みんな真剣に先生の話を聞いていた。

子どもたちの教科書は雨に濡れてボロボロだったけど、
笑顔で見せてくれた。

子どもたちはペンを一本しか持っていなかったけど、
「使い切ったら先生が新しいのをくれるんだ」と嬉しそうに話してくれた。

勉強をしているときの
子どもたちは
キラキラしていた。
そんな子どもたちと
遊んでいるとき私たちも
キラキラしていた。

# 目　次

はじめまして

「夏休み家にいたくなーい」

これが、バングラデシュで行われるスタディーツアーに申し込んだ理由です。

「自分の世界を広げたい！」

とか、

「自分に刺激を与えたい！」

とかそんなことは少しも考えていませんでした。ただひたすら、

「夏休みずっと家にいるより、飛行機に乗ってどこか外国に行きたい！」

とだけしか思っていませんでした。

申し込んだ当時の私は、スタディーツアーというものについても、バングラデシュという国についても、まったく何も知りませんでした。ただ、参加者募集のチラシに書いてあった、

「申し込み資格：健康に自信のある方」

という言葉から、

「バカンスではないんだろうな」

ということだけはうすうす感じていました。

実際、私が普段関心あることは、洋服と買い物くらいです。そんな私の頭の中にはバングラデシュの"バ"の字すらありませんでした。

「バングラデシュ」と聞いてどんな言葉を思い浮かべますか？

発展途上国
貧しい国
アジアの国
イスラム教の国

ほとんどの人がこんな言葉を思い着くのかなって思います。
どこそれ？
と思う人もいるかもしれません。

私が親から、
「バングラデシュに行ってみたら」

中2 講演〈バングラデシュに寺子屋を贈る事業〉
アジアキリスト教教育基金（ABEF） 井上 儀子先生

2012. 6. 27

（ふり返りシート）

1. 今日の講演で特に心に残ったことはなんですか。そのことについてどう思いましたか。
また、何か考えたことあったでしょうか、ある人は書いてみましょう。

① a.心に残ったこと

リキシャの人の心のやさしさ。

b. そのことについてどう思いましたか

[illegible]

② 考えたこと

[illegible]

中2―（ ）（ ）番 氏名（ ）

2. 先週私達は貿易ゲームをして楽しみました。その時、皆さんは世界に貧しい国と豊かな国があることを体験しましたね。ゲームの中で貧しい国は何も持っていない事によって、豊かになることが出来ないと分かりました。今日の講演を通して更に分かったことを具体的に書いてみましょう。

[illegible]

3. 様々な問題点が見えてきたと思いますが、改善していく方法があることも少し分かってきたと思います。日本にいる私達に出来ることは何でしょう。
① 今できること

[illegible]

② は出来ないけれど、将来やりたいこと

[illegible]

と初めて言われたとき、反射的にでた言葉が、「え、なんでわざわざそんな国に行かなきゃいけないの？」でした。私にとって「バングラデシュ」といえば、学校の文化祭で親が買ってきたバングラデシュ製の羊の置物。手作り感があって可愛いけど、手作りすぎて4本脚で立てていない羊さん。それ以外は何も思い浮かばないくらい関心がありませんでした。その証拠として、中学2年のとき、このスタディーツアーを企画しているACEF（エイセフ）の人が私の学校に話をしに来たときのプリントに書いた感想が……。

①今日の講演で特に心に残ったことはなんですか。
——リキシャ*の人の心のやさしさ
②①についてどう思いましたか

*三輪自転車タクシー

――バングラデッシュにはそういう人がいっぱいいるんだなぁって思いました。
③何か考えたことはあったでしょうか。ある人は書いてみましょう。
――ないです。
④日本にいる私達に今出来ることは何でしょう。
――バングラデッシュなどの国をもっと知る。
⑤今は出来ないけれど、将来やりたいこと
――ないです。

というものでした。

あまりにもひどい感想ですよね。しかもこのときのACEFの人の話の内容を私はまったく覚えていないのです。つい最近、母が偶然このプリントを見つけたとき、「中2の時にACEF来てたの？　何の話してたの？　あーリキシャか。確かに話してそうな内容だね。でもこれじゃリキシャの人が何したのか思い出せない……（笑）」と言ったぐらい、何にも覚えていませんでした。

そしてバングラデシュについて何か新しく知ることもほとんどないまま、私は高校生になりました。「ほとんど」と書いたのは、「バングラデシュ」という国についてほんの少しだけイメージを持つようになっていたからです。

「バングラデシュ＝やばい国」

というイメージを。

年に一度、ＡＣＥＦの人が学校に来てする話の内容は一向に記憶に残らなかったけれども、私のバングラに対する印象は年々深まっていきました。いつも悪い方に。

でも何故か私は母の、

「バングラデシュに行ってきたら？　あなたは1度お金の大切さを学んできた方がいいと思う。今のあなたが払ってもらっている学費のことをちゃんと考えてみなさい」

という一言を聞き、

「なんでバングラなの？　嫌だよ、そんなとこ。だって電気ないんでしょ」

と文句を言いつつも、

「バングラでもいいから、どこかに行きたいな。今のこの狭い家よりはマシなはず。いくらやばい国バングラって言ったってどうにかなるよね」

と参加申込書に必要事項を記入していました。

# 0日目：準備会での楽しい夜

「どうにかなる」なんていうのは間違いで、バングラデシュは「やばい国」どころか「めっちゃやばい国」だった……。

バングラデシュへの理解を深めるために、スタツアの意義を学ぶために、バングラで2週間一緒に過ごすメンバーを知るために、「準備会」っていうものが泊まりで行われた。そんなものがあるなんて知らなかったから、

「え？　なにそれ？　しおり送ってもらえれば十分なのに。えー、行くのめんどい」

って思ったけど、行かないと後が大変そうだから一応参加した。

まず、このスタディーツアーを企画しているACEFとBDPについての説明があった。

BDPとは1990年にミナ・マラカール女医により、バングラデシュの首都ダッカのスラム地区で活動が始まったNGO団体です。初期のころはSEP（Sunflower Education Program）として活動しており、現在は

BDP（Basic Development Partners）として貧困層の子どもたちの教育支援を行っています。

また、マラカール女医の呼びかけに応え、「バングラデシュに寺子屋を贈ろう」と、1990年に発足したのがACEF（アジアキリスト教教育基金）です。そしてACEFとBDPは、どちらかが優位な立場に立つのではなく、「共働」するパートナーとしてお互いに学びあい、支えあいながら活動しています。

っていう感じのもの。バングラにまったく興味を持てない私は、話を聞くことよりもスタツアのしおりを読むのに夢中。しおりから読み取れる「スタツア情報」は私が想像していたものとは程遠いものばかりだった。一行読むたびに、

「え、本気？」

「さすがにないでしょ（笑）」

「まじで？」

「こんなの無理なんだけど……」

って心のなかで毒づいていた。しおりを読んでも、「スタツア」っていうもの

を良く理解できなかったから、準備会のプログラムと時計とを見比べながら、いつになったらスタッフさんの口から「スタツア」説明をしてもらえるのかなって考え続けていた。だからその間の話の内容については何の記憶もない。（笑）

そしてやっと待ち続けていた話に入ると、嫌な予感が当たっていた。「無理！」って思っていたもの全てが「必ず守らなくてはいけないもの」だった。簡単に言うと、スタツアの期間中、現地の人と同じような生活をしないといけないみたい。

これでやっと、「スタディーツアー」っていう言葉の意味が分かった。「不便で大変な生活をわざわざしに行く、何か面倒くさそうな旅行」を指しているみたい。直接こう言われたわけでは無いけど、これ以外の解釈が思い浮かばない。

バングラで強いられる生活っていうと……

すぐ停電が起きて、自由に電気が使えない。
蛇口をひねったらすぐに水がでてくる日本とは違う水事情。
宗教を重んじる国だからイスラムの慣習を守らないといけない。

それぞれ日常生活に当てはめてみると……

携帯、カメラ、その他の電子機器の充電が2週間できない。Wi-Fiなどない。ドライヤー、ヘアアイロンも使えない。

井戸から水を汲まないと、シャワーを浴びることも歯磨きも手を洗うこともできない。

蛇口があったとしても、そこからでてくるのは冷たい水だけ。洗濯は水を汲むところから絞るところまで全部自力でやる。

もちろんトイレも水洗じゃない。トイレットペーパーは詰まってしまうから使えない。スタッフさん曰く、「トイレットペーパーを使わずに、手桶に溜めた水を使って手動のウォシュレットをするだけだよ★」らしい。

真夏+赤道に近い国なのに、とにかく体のラインが隠れるような服装、足首が見えるのもNG。

それとご飯は右手で直接食べること。スプーンとかフォークなんてものはない。左手は手動ウォシュレットで使うから、不浄な手とされていて食事中は使えない。

準備会に参加するまで「スタディーツアー」の真意を知らなかったから、それ

なりのホテルに泊まれるだろうと思っていた。今までの話を聞いた瞬間、最初に頭の中に浮かんだことは、

「キャンセル料金、いくらぐらいだろう?」

っていうこと。でも、バングラでの生活を心配しながらも行く気に満ちている残りの31人のメンバーがいる中で、こんな言葉を発する勇気はなかった。それでしょうがなく現実を受け止めた。「1カ月後には、バングラデシュっていう国に向かう飛行機に乗らなければいけない」って。


バングラに行くのは本当に本当に嫌だけど、準備会を通して一つだけ楽しみができた。それはスタツアのメンバーと恋バナをすること。

今年の参加者は他の年よりも多いらしくて32人いるけど、そのうち23人が高校生・大学生だから夜は修学旅行みたいにひたすら騒いでいた。

部屋は、大学生のミセスさんとショコラさん、高2のゆかと同じだった。お風呂に入ったあと、Aチームのケミ(ともこ)と、BチームのZ（ゼット）さん、シェリーさん、ななみさんとみゆが部屋に遊びに来た。ZさんはCHILE（チャイル）っていう名古屋を拠点に活動している学生ボランティア団体のメンバーで、前にバングラデ

シュに行ったことがあるから、いろいろとバングラのことを話してくれた。個人的にはバングラの話よりもZさんの眼鏡の色の方が気になったけど。（笑）
いろんな人に、
「のえみー、大丈夫？　一番心配だよ」
ってバングラで生きていけるか心配された。私も心配で仕方がないんだけどね。
自己紹介をしながら、CHILEの人（Zさん、ミセスさん、ショコラさん）が、まだあだ名がない人にあだ名をつけてくれた。ひとりは、LINEの名前が「ケツジェットパンツナス」だったから「ケツパン」。もうひとりは部活が化学部（Chemical）だから「ケミ」っていうあだ名をつけられた。私はどうにか逃げた。変なの付けられそうだし、今ので十分満足している。（笑）
そのあとは、真夜中までずっと大学生の恋愛事情を聞いていた。でも最後はZさんに、高校生にはまだ早いって終わりにされちゃった。ゆかが頑張って聞き出そうとしていたけど教えてくれなかった。（笑）
おかげで、バングラでの2週間に少しは希望をもつことができた。

と言いつつも、準備会から出発までの1か月間、誰かに、

「バングラデシュっていう国に行くんでしょ？　電気とか無くて大変そうだね」

と言われるたびに、

「そうらしいねー。大変だね。乃笑はあんなところ、絶対に行きたくないよ」

と、ずっと他人事でした。それぐらい「バングラでの生活」は私にとって想像したくないことでした。

そしてそんな私が「バングラに行くこと」に対してやった、精一杯の反抗が2つ。

スケジュール帳のバングラデシュにいる2週間のところに

## バングラデッシュ

と書き込んだこと。「ッ」を入れてしまう人が多いけれども、実際は「バングラデシュ」が正しい、と準備会で何回もスタッフさんが言っていたのをわざと聞いていなかったかのように。

もう一つは、出発の前日に必要もないのに、美容室に行って髪をカットしてもらい、トリートメントをしてもらったことでした。

えまちゃん
(先生)

ショコラ
(大2、CHILE)

みほ(高1)

team

ミセス
(大2・CHILE)

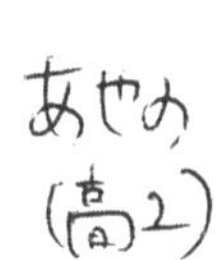

まりぴー(大1)

せいらさん
(社会人)

黄はっぴ←

恭子さん
(ACEF
スタッフ)

ぼん(大1)

村さん
(大4)

ゆか(高2)

まゆ(高2)

ケミ(高1)

のえみ(私)
(高1)

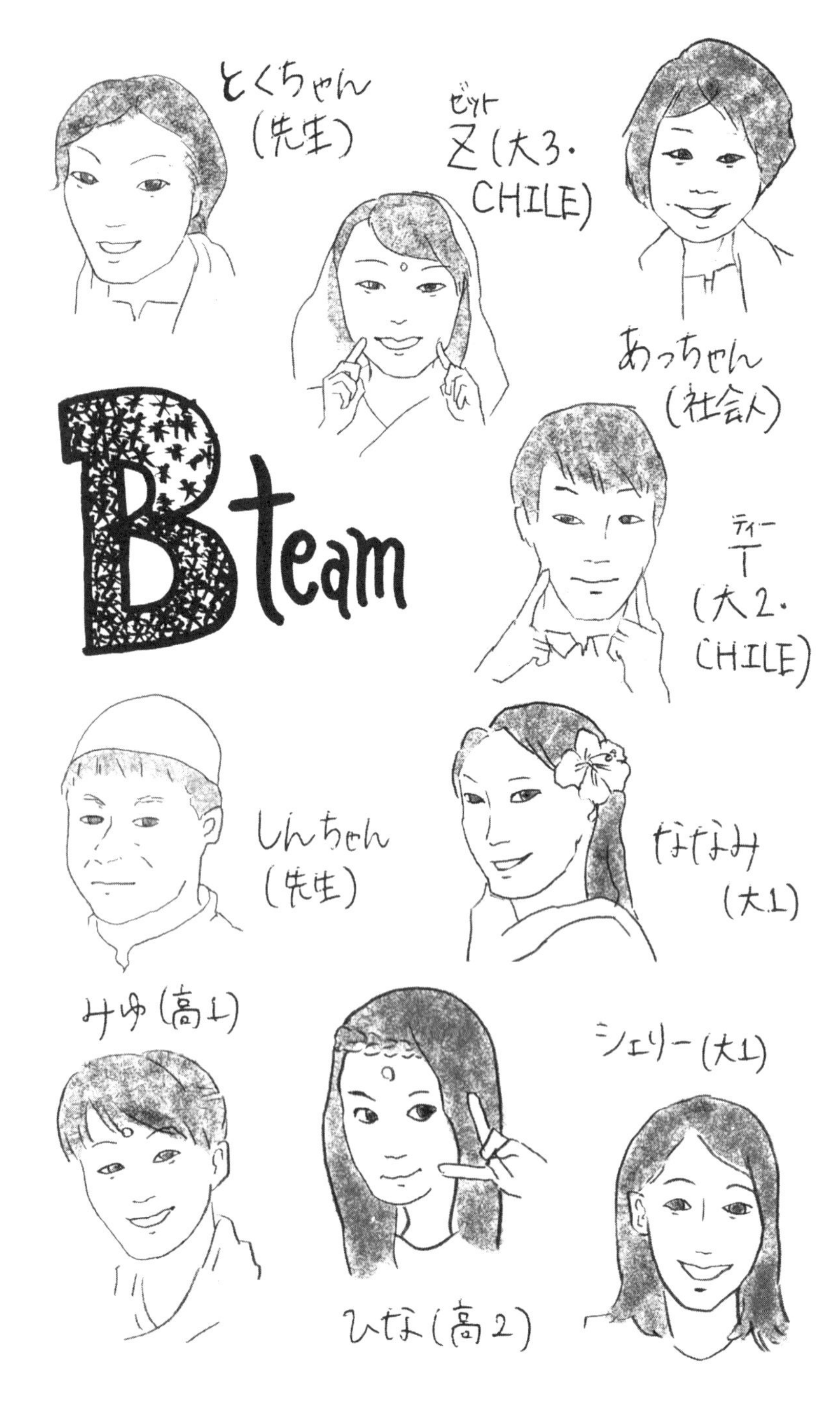
とくちゃん
(先生)
ゼット
Z(大3・
CHILE)
あっちゃん
(社会人)
B team
ティー
T
(大2・
CHILE)
しんちゃん
(先生)
ななみ
(大1)
みゆ(高1)
シェリー(大1)
ひな(高2)

儀子さん
(ACEF
スタッフ)
みよちゃん
(先生)
あだっちー
(先生)
しゅうこ
(大1)
はるか
(大1)
ぴょん
(大3、CHILE)
C team
りゅうせい
(大2、CHILE)
ゆい
(高2)
りほ
(高2)

# 一番行きたくなかった国バングラデシュでの2週間

# 1日目・行きたくない、行きたくない、行きたくない

どうしてこんなのに申し込んじゃったんだろう？

「夏休み家にいたくなーい」とか言っていたけど、おとなしく家でのんびりしている方が絶対によかった。


空港に向かう私の頭の中では2つの思いが交差していた。

「準備会のときみたいに、大学生のお姉さんたちとガールズトークできる！」

と、

「2週間、生きて帰れるかな？」

っていうすごく対照的な2つの思い。

けれども、空港に着いてみると、

「これからバングラ行くんだよ！」

「現地の子どもたちと遊べる！」

っていう声ばかり。やっとここで私も、

「ここまできたら楽しいことだけ考えよう！」

ってしょうがなく割り切って、

「飛行機の中で何の映画観ようかな？　飛行機の中で良さそうな免税品買える

かな？　映画のプログラムと免税品のカタログ、どっちを先に見ようかな……」
　っていうことばかり考えていた。
　実際、飛行機の中でかなり真剣にfollie follieの時計かelizabeth ardenのリップクリームを買うか迷っていた。だって、バングラ帰りに高級品買う気分になれないだろうし。さすがに私でも。（笑）
　最終的には買わなかったけど、「免税の方が安いし、買うなら今しかなかったのに……」って心残りは大きい。

Bhutan

Nepal

# People's Republic of Bangladesh

[ベンガル人としてのアイデンティティーを訴えた
独立戦争を経て，1971年にパキスタンから独立

面積＝14万74Km²（日本の40%）

人口＝1億5940万人

首都＝ダッカ

言語＝ベンガル語

宗教＝イスラム教徒90%
ヒンズー教徒9%
その他 1%

[引用＝外務省HP]

India

India

Myanr

Bay of Bengal

# 2日目：空港〜物乞いの子との出会い

ずっと嫌だったバングラに、ついに到着しちゃった……。

発展途上国には地味で小さな空港しかないのかなって思っていたけど、いい意味で期待を裏切られた。免税店とかはさすがにないけど、広々としていて綺麗。

「空港から出たら水洗のトイレを使えなくなるから今のうちに行っときな」って言われて行ったけど、やっぱりバングラのトイレだった。(笑)

床が水浸しになっていた……。

なんでかっていうと、「水洗」って言っても日本ほど性能がいいものじゃないから、水を流すと溢れるみたい。しかもトイレットペーパーはちゃんと流れていなさそうだったし。

空港でこうなんだから宿舎とかもっとやばいんだろうな。まず水洗じゃないだろうし。ちゃんと決められたように使わないと、本当にやばいことになりそう……。

「過去にトイレを何日も我慢して、病院送りになった人がいる」って準備会で聞いた。水洗じゃないトイレは使いたくないけど、病院送りはもっと嫌だから、対策を考えないと……。

入国審査があったんだけど、私が今までに通ってきた審査とはまったく違った！　武装している保安官の人たちがとにかく笑顔。

「Where are you from?（どこから来たのー？）」

「How old are you?（何歳？）」

「How are you?（ご機嫌いかが？）」

「I know Hiroshima!（広島知ってるよー）」

パスポートをチェックしながらこんなことばかり聞いてくる。私たちに興味津々。しかも高校生と大学生にしか聞かないんだよね。バングラの人ってナンパとか上手そう。（笑）

おかげでこの国の人たちってなんか面白そうって緊張がほどけて、不安も無くなってきた。バングラってすごくオープン。みんな優しそうだし。


「バングラデシュはすごく蒸し暑いよ！」

「人の多さにびっくりする！」

って準備会で言われていたから、脳内イメージを膨らませて外に出てみてたら、確かに人は多かった！　でも湿気は思っていたほどではなくって、安心した。そ

して段々、

「異国の地で2週間満喫するぞー！」

って調子に乗ってきていた。

「もう来ちゃったし、どうにかなるかな」

って。湿気とか、人の多さとか、そんなものではもう不安にならないぐらいテンションは上がっていた。

そしてテンションを下げないためにも、ちょっと離れたところからピターって柵にくっつきながら手を伸ばしている大勢の物乞いの人たちからは目をそらしていた。

だけど、見たくなくっても避けられないものって確かにある。

物乞いの子。

悲しくなるだけだから気が付かないふりをして誤魔化していたのに、ふと足元に視線を下ろしたらそこに居た。

その子はカートに乗っていた。

その子の足元に視線を向けたけど脚は見当たらなかった。

その子は背の伸びきっていない、10歳ぐらいの男の子だった。

私が両手で抱き上げげられそうな細い体つきの、都会の排気ガスと砂で汚れたヨレヨレのタンクトップを着た男の子。

その子は何かを訴えるわけでもなく、悲しみも落胆も感じられない瞳をしていた。男の子の顔には表情がなかった。

ただその大きな瞳だけが、

「お金をください」

って私に語りかけていた。

でも私はその子に向かって首を横に振ることしかできなかった。

お金をあげることはできないっていう意味で。

そして目の前の現実を否定するつもりで……。


「のえみー！　こっちだよー！」

儀子（のりこ）さんに呼ばれてやっと動けた。


そのあとの自分は、苦手な自己紹介に緊張して、初めて手でご飯を食べて、日が沈むにつれて冷たくなった水でシャワーを浴びて、みんなと蚊帳(かや)を張って眠りについて……。慣れないバングラライフに苦労しながらも、みんなとずっと笑っていた。

自分がずっと嫌だったバングラでの不便な生活は、何も辛くなかった。

空港で出会った物乞いの子が過ごしているだろう毎日と比べたら、幸せすぎる一日だった。

# 3日目：郷に入ったら郷に従え

「暑っ！」

って思って目が覚めた。

寝ている間に停電が起きてずっとファンが止まっていたみたい。

夜に停電が起きると暗くて何も見えないし、明るくなってからだと暑くなるから、電気が止まるとなかなか不便。でも停電って悪いことばかりでもない。昼間はただひたすら暑いだけで、

「早く電気戻れー」

って思うけど、夜になると停電の醍醐味っていうものがちゃんとある。電気が止まると真っ暗になって何もできないから、蝋燭（ろうそく）が置いてある廊下にみんなが集まってくる。そうすると、お互いの顔がはっきり見えない分、普段とはちょっと違うおしゃべりができる。あと、もともと少ない外灯が消え、本当に真っ暗になるから星がたくさん綺麗に見える。だから停電ってそんなに悪くないのかも。（笑）

そして今朝ももちろん、右手で朝ごはんを頂いた。

朝ごはんには、ルティっていう平べったくて丸いナンみたいなものがでる。夜ごはんの時はカレーを直接手で取って食べるけど、朝はルティにカレーを挟むから割と抵抗なく食べられる。正確に言うと、カレーをルティでつまむ感じだけど。

他にはゆで卵とバナナもでた。中学生の時にバナナにはまって一週間以上おやつに食べ続けた結果、バナナが苦手になっていたんだけど、みんながバナナをルティで巻いてクレープみたいに食べているのを見たら食べたくなった。そうしたら久しぶりのバナナ美味しかった。でも、

「バナナをルティで巻いて食べるのは日本人だけ」

ってバングラのスタッフさんに笑われた。（笑）

それにしても朝ごはんは手をカレーまみれにせずに食べられるからすごく快適。

昨日の夜思ったことなんだけど、どうしてスプーンを使って食べちゃいけないんだろう？　だってお皿にカレーをよそるのに

夜ごはん

はスプーンを使うんだよ。スプーンがそんなに高価だとは思えないし……。

でもこんなことを江間ちゃんに言ったら、「郷に入ったら郷に従え」って怒られそう。

まあ実際そのとおりで、相手の文化を尊重するのが大事なんだよね。バングラの人たちは手で食べることで損しているわけではないし、手で食べてもスプーンの時と変わらないぐらい美味しいし。

「しかも食べにくいから食べ過ぎなくてすむ！」

って思ったんだけど、それも今のうちだけらしい。グループに分かれて地方に行ったら、人数が少ないから沢山よそられるらしい。だからどんなにお腹一杯になっても、自分のお皿が空になるまで食べ続けなければいけないって。嫌な予感しかしない。（笑）

午前中はオリエンテーションだった。ＢＤＰのスタッフさんが、バングラとＢＤＰについて話をしてくれた。

その時、ＢＤＰの総責任者のアルバートさんから投げかけられた質問が、

Are you on an average 50 times happier？

あなたはバングラデシュの人と比べて50倍幸せですか？

これは、バングラと日本を比べると、日本の方が平均して50倍物があるっていう結果をもとに出された質問。

GDP（国内総生産）比：42倍
電気使用量：60倍
石油使用量：56倍

聞いた瞬間、「日本人の方が幸せっていうことはないいな」って思った。だってあんなに忙（せわ）しなく走り回ってストレスを抱え込んでいるんだもん。お金を稼ぐために。でもだからと言ってバングラの人の方が幸せなのかは分からない。物が無いと不便なはずだから。だって50分の1の物で生活するのは大変だと思う。日本の私の家から50個物を持ってきて、そのうちの49個を捨てるように言われても、

アルバートさん(代表)
ヘモントさん
STAFF
オモルさん
ディユさん
スティファンさん
JICA
のお姉さん♡
ゆきさん
さやかさん
みおりさん

ニコデモさん
ハビブさん
プロヤシさん
BDP
ロチョンさん
ヤシンさん
ラハジさん
アナロールさん

絶対に選べない。1個なくなるのなら我慢できる。でも1個しか残らないのは無理。生きていけない。

この質問について、これからの2週間で考えるように言われた。

BDPのスタッフさんの話のあとは、JICAの海外協力隊としてバングラで活躍しているお姉さんたちがバングラについていろいろと説明をしてくれた。っていっても、みほと私は、途中でこの国の暑さに負けて、冷えピタをおでこに休んでいたんだけどね。この国、思った以上に暑い。

お昼を食べたあとはお昼寝の時間。でも寝ているのは大人だけで、ほとんどの高校生・大学生は子どもたちと走り回っている。日本人が来てるって聞きつけた近所の子どもたちが宿舎に遊びに来てくれた。日本人が来るのって、やっぱり一大イベントなんだね。こうやって歓迎してもらえるとなんか嬉しい。

お昼寝の時間に日本から持ってきたポテトチップスを食べていたんだけど、5分で食べられなくなった。開けてすぐに食べきらないと湿気でだめになっちゃう。昨日あまり湿気を感じなかったのは、寝不足で半分寝ぼけていたからなのかな。やっぱり熱帯モンスーン気候なだけあって、湿気は半端ない。

おやつの時間になった頃ようやく大人たちが眠りから覚めて、買い物の時間になった。サロワカミューズ（サロワカ）っていうバングラの女性が着ている服を買いに行った。サリーもあるけどこれは動きにくいし既婚女性が着るもの。サロワカはカラフルで可愛いし、乾きが速いからおすすめってスタッフさんが言っていた。バングラって湿気がすごいから洗濯物がなかなか乾かないらしい。まだ洗濯していないからわからないけど。

お店に入ると壁一面にサロワカが積んであって、そこから好きなものを頼んで出してもらう仕組みだった。出してもらった服は広げられて、床に置かれる。そしてその上に次のサロワカが同じようにして広げられていく。そうしているうちに気に入っていたサロワカが行方不明になっていく。床の散らかり具合がすごすぎる。ベンガル人っておおらかなんだね、きっと。

ＪＩＣＡの人が値段交渉してくれて、1人あたり2・3着ずつ買えた。1着2千から3千円ぐらいかな。3千円だとかなりいいものが買える。ベンガル語での交渉ってかなり迫力があって面白かった。

女子のお買い物の間、他チームの男性陣は、ルンギっていうバングラの男性用の部屋着を買いに行っていたみたい。ルンギっていうのは、巻きスカートみたいに腰に巻きつける長い布。基本的には腰から足首までの長さなんだけど、農作業のときとかは、膝上までの長さに短くして着るみたい。ちなみにベンガル人のパジャマはルンギ一枚。上半身裸でルンギを巻いて終わり、が多い。一枚って言ったけど、本当に一枚。ほかには何も身につけていないんだって。（笑）　人によってはちゃんと下にはいている人もいるみたいだけど。

ＢＤＰスタッフさんのディコさんに、

「ディコさんもはいてないの！？」

って聞いたら、

「オレはちゃんとはいてるよ！　はかないと無理！」

みたいな感じの返事をされた。この一言でかなり安心した。（笑）

そういえば帰りの車の中で、踏み切りが降りるところを見れた。

「踏み切りが降りることってそんなに無いから、電車が通るとこ、ちゃんと見といた方がいいよ！」

って言われたから、みんなしてカメラを構えていたのに電車がいっこうに来ない。しかも歩行者たちが、降りた踏み切りを持ち上げて普通に渡っていたのが驚き。（笑）

何回かスマホの電源を入れ直した頃やっと電車が来た。超低速の電車が。しかも屋根にも人を乗せて。電車を見れて良かったけど、スマホの電源を何回も付け直したおかげで貴重な充電が減った。まだスタツア始まったばかりなのにな……。

このあとは特に何もなく、宿舎まで車は走り続けた。

宿舎に着いたあとは夜ごはん。もう手で食べるのも3食目だし、少しは慣れた。

でもコツはまだ全然つかめない。手に取ったご飯をうまく口の中に押し込められ

電車の写真は撮り損ねた。（笑）

ないから、ひとくちが小さくなる。でもカレーはすごく美味しいし、毎晩でるキュウリのサラダも大好きだし、オクラ・ナス・ジャガイモのフライもめっちゃ美味しい。カレーは肉、魚、野菜の3種類を食事ごとにローテーション。イスラム教では豚肉NGだから肉は、基本的に鶏肉か牛肉。魚は川魚で、ほぼ毎回ナマズらしい。まだ出てないから分からないけどナマズって美味しいのかな？　他にはアヒルの肉も。あとフルーツ！　毎食フルーツが出て満足いくまで食べられる。出てくるのはマンゴーかパイナップル、バナナのどれか。まだ着いて2日目だから全部は食べていないけど、どのご飯も美味しい！

昨日は適当な順番でシャワーを浴びた。シャワーっていっても、水圧よわよわの冷水だけど……。

「昨日は最後だったから、今日は先に入りたい」

って、同室のゆかが言い出してジャンケンしたんだけど、結局今日もゆかが最後になった。（笑）

ゆか曰（いわ）く、

「停電すると水が出なくなるから、先に入りたい」

って。なんでかって言うと、タンクの水は電気を使って汲み上げているから、停電すると水を汲み上げられなくなる。しかも1日1回は必ず停電するから、シャワーを浴びているときに電気が消える可能性はかなり高い。停電後すぐならまだ水は出るけど、タンクの水も数人分しかないから、電気が復旧するまではシャワーを浴びない方が安全。そして寝る時間までに復旧しないってことがあれば……。こう考えると井戸の方が安心だよね。面倒くさいけど汲めば必ず水が出てくるから。スタッアリピーターが言っていた井戸生活は、ほんのちょっとだけ楽しみかも。

ゆかの気持ちも分かるから、

「5分で浴びてくる」

って宣言したら、急ぎすぎてやばいのがシャワースペースの隅に居ることにまったく気が付かなかった。

服を脱ぎ終わって、シャワーを浴びようと思った瞬間に、シャワースペースの横にあるトイレにゴキブリが居ることにやっと気が付いた。トイレ（和式）、シャワー、洗面台が1畳くらいのせまいスペースにつめこまれているから、ゴキブリはつらい。なんか、コンクリートでできた箱の中にゴキブリと一緒に閉じ込めら

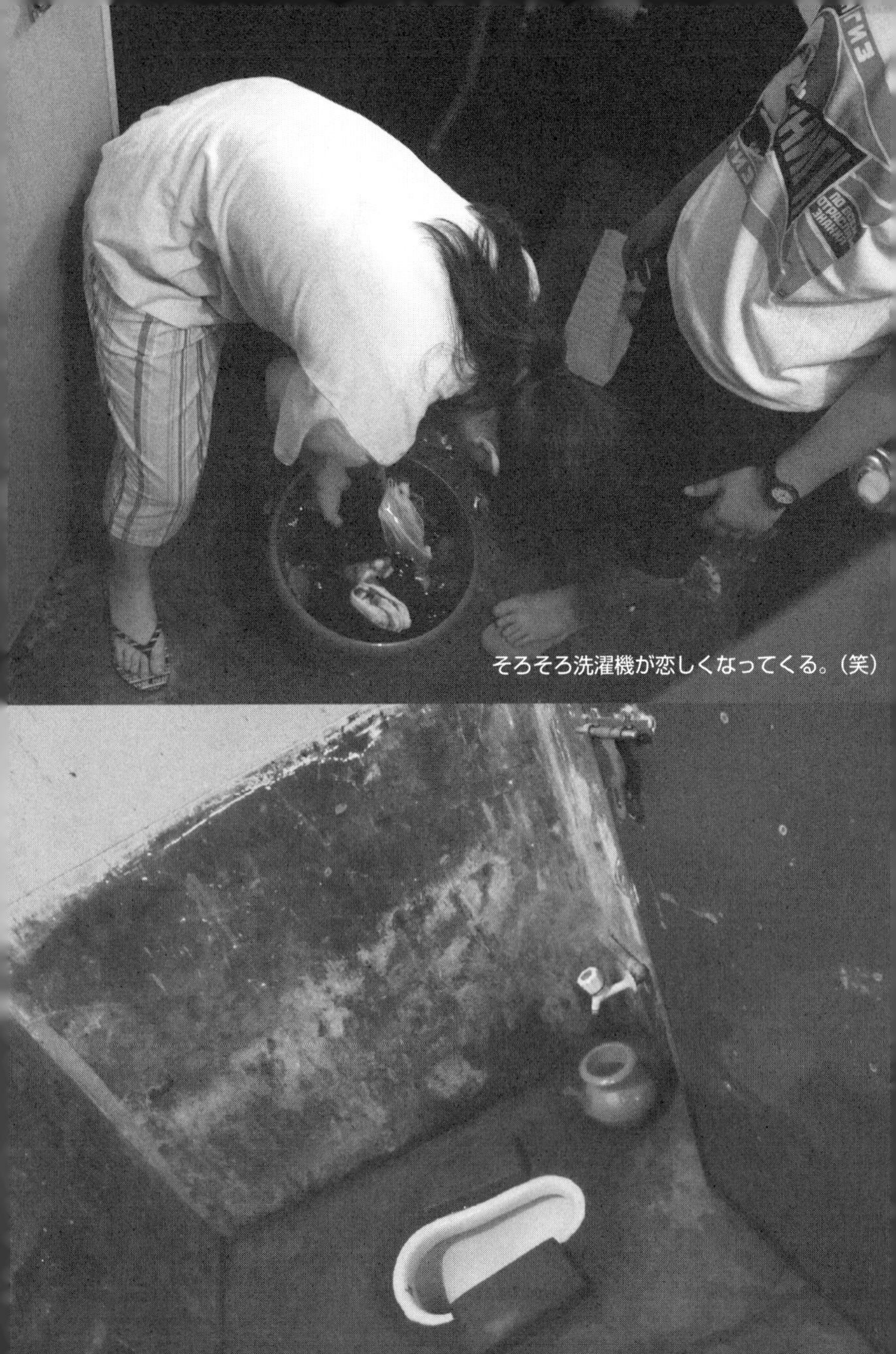

そろそろ洗濯機が恋しくなってくる。(笑)

ゴキブリはこのトイレの隣に…

れた感じ。綺麗な箱ならまだいいんだけど、いつ停電で消えるか分からない電球1個と、裸足で歩く気になれないような床だから結構気持ち悪い……。足が汚れないように履いているビーサンがヌルヌルしてきそう。きっと気のせいだけど……。

でも今さらどうしようもないから、片目でゴキブリがこっちに来ないように監視しながらシャワーを浴びて、逃げるように急いで出た。

でもお陰でシャワーを5分で浴びられたし良かったかな。

「郷に入ったら郷に従え」ってこういうことなのかも。日本でずっと、

「バングラ嫌だ」

って言い続けていたけど、ここでの生活はすごく楽しい！　日本でゴキブリが出たら叫んで逃げ出すのに、ここでは意外と冷静でいられる。

「そういうもの！」

って割り切れる。それにみんなと、

「ゴキブリと一緒にシャワー浴びるとかやばいね。（笑）」

って話しているうちに、

「面白い経験ができた！」

って思えてきた。
バングラに来てみてよかったなって今は思う。

このあと、ゆかは無事にシャワーを浴び終え、みんなで初めての洗濯をして、蚊帳を張って眠りについた。

私はベッドの上で寝転がりながら昨日のシェアリング（みんなで集まって、思ったことを分かち合う時間）での話を思い出していた。この国の人々のお給料についての話。

中堅社員…………1万4000タカ／月
縫製工場で働く女性　…　4000タカ／月
農村の日雇い　……………　100タカ／日（1タカ＝約1円）

これがこの国で働く人たちのお給料。今回私が参加したこのスタディーツアーの参加費は22万円。言い換えると、

中堅社員の約1年半分のお給料
縫製工場で働く女性の約4年半分のお給料
農村の日雇いの人の約6年分のお給料

っていうことになる。バングラの人からしたら、私たちはとんでもない大金を使って、この国に学びに来たっていうことになる。日本では22万円で大学に通うことも、車を買うことも、家を買うこともできない。でもこの22万円があれば、バングラの中堅社員、縫製工場で働く女性、農村の日雇いの人の生活は絶対に楽になる。

ACEFのスタッフさんは、

「私たちはとんでもない参加費を払ってここに来ている」

って言っていたけど、その通りだなって思う。この22万円は私の高校のほんの数ヶ月分の授業料と同じ額であって、親が払ってくれたものだけど、この22万円で生活がガラリと変わる人がいるっていうのも事実。今の私にはその重みの全てを感じとることはできないけど、この2週間で22万円分の学びをちゃんとしないといけないと思う。じゃなかったら、私がこの国に来させてもらった意味がないから。それだったらこの参加費を寄付したほうが、たくさんの人が幸せになると思うから。

# 4日目：不便と便利の天秤

今日は暑さのせいではなく、頭の上に何かが落ちてきて目が覚めた。大きい蜘蛛が頭の上にいるのかな？　って一瞬ビビった。バングラの蜘蛛ってすごく大きいから本当に嫌なんだよね。隣の部屋の天井の端っこには15センチぐらいの蜘蛛が張りついているし。でも意識がはっきりするのを待ってから、よく見てみたら蚊帳が落ちてきただけだった。（笑）

蚊帳のかけ方に問題があったみたい。4人分の蚊帳を前後2本のロープで吊っているんだけど、そのロープにタオルとか着替えとかも干していたから、寝ている間にロープが重さに負けたみたい。

でもおかげで素早く起きられた。もう少し遅くてもよかったけど。（笑）

今日は3つのチームに分かれての田舎に行く日で、この数日間で広げまくった荷物を朝ごはんまでにまとめておかないといけないから時間ができて良かった。

荷物を片付け終わったところ、朝ごはんの時間になった。散らかし放題だった私の荷物をまとめるのを手伝ってくれたゆかありがとう。一人だったら余裕であと1時間はかかっていた。（笑）

右手だけで食べるのにもいい加減慣れて、満足いくまで食べられるようになった。ただマニキュアが段々カレーの色に染まってきているのが気になる。知っていたら塗ってこなかったのに。

みんながお腹一杯食べたあとは、それぞれのチームの車に乗って出発した。私のチームは、ネトロコナっていうところに向けて出発！

さすが「やばい国バングラデシュ」で、何事も無く目的地に辿り着くことは出来なかった。荷物が違う車に積まれていたり、車が若干故障したり……。

でも問題があったのは全部他の車で、私たちはスタッフさんに何が起きたのかずっと質問するだけ。それで必ず毎回返ってくるのは、

「オシュビダナイ（問題ない）」

っていうセリフ。どうしてベンガル人ってこんなにも楽観的なんだろう。

「絶対『オシュビダある』でしょ！」

これが日本人の返す言葉。でもスタッフさんが必ずどうにかしてくれるから、本当に「オシュビダナイ」のかな。（笑）

何回も止まって他の車を待たないといけなかったから、スタッフさんが屋台に連れて行ってくれた。屋台って聞くと、「外で売っているもの食べて大丈夫な

の？」って思うけどスタッフさん曰く大丈夫みたい。

実際はまったく大丈夫じゃなかったけど……。

屋台で出されたのが熱々のチャー。熱帯モンスーン気候の国の屋台で熱々のミルクティー。どこでもチャーを飲むってことは薄々気がついていたけど、こんなに暑いときにでも飲むみたい。ちょっと理解しがたい文化。（笑）

でももっと驚いたのが、コップの洗い方。飲み終わったコップを渡すと、沸騰させたお湯ですすいで、チャーを注いで、次のお客さんの手へ。ただの恐怖でしかない。お腹をこわさないはずがない。洗剤、せめてタワシを使ってくれれば気休めになるのに。

車に戻る時間が近づいていたから、急いで口にチャーを注ぎ込んでコップをお店の人に渡した。どうかお腹をこわしませんように……。

屋台でチャーを飲んでいるときも、車が渋滞で止まっているときもずっと、ベンガル人にジロジロ見られる。真剣な顔して、大きな目でガン見してくるから意味わかんない。こうなったらこっちも見つめ返してにらめっこ。こっちが目をそらすまで、ずっと見つめ合うことになる。知らない人の目をこんなにも長くじっくりと凝視できる機会なんて、日本では滅多に無いからちょっと面白い。（笑）

このあとは特に何の問題もなく宿舎にたどり着いた。デコボコの道を除けばだけど。

田舎に近づくにつれて、道の凹凸が激しくなっていく。腹筋を使わないと体が跳ねて、車の天井に頭がぶつかりそう。(笑)

みんなの会話の内容も、

「緑が多くなってきて綺麗だね!」

「自然がいっぱい!」

から、

「早くトイレ行きたい!　あと何分?」

「今ならトイレ行けるのに!」

「私のお腹はバングラに着いてからずっと好調♪」

「え、いいな!　羨ましい!」

に移行していく。腹筋を使うとこうなるんだね。(笑)

私も他人事ではなくって、さっき正露丸を便秘薬だと思って飲んじゃったんだよね。知っていたらあんな臭いもの飲まなかったのに。

このくだらない、でもある意味ではかなり深刻(?)な会話が10分ぐらい続いたあと、ようやくネトロコナの宿舎にたどり着いた！

着いたのが予定時刻から大幅にずれて、もうおやつの時間だったんだけど、みんなでお昼ごはんを頂いた。

ご飯を食べる前に必ず手を念入りに洗うんだけど、ネトロコナでの洗い方は、朝までいたプーバイルとはひと味違った。朝までは蛇口をひねれば水が出てきたけど、ここでは井戸水を汲まないといけない。言い換えると、石鹸のついた手を綺麗な水ですすぐには、誰かに井戸のポンプを押してもらわないといけないっていうこと。バングラに来ると、人間は一人で手を洗うことすらできないんだよ。（笑） 恭子さんの言葉を借りると、

「日本では何もかも一人でできているかのように錯覚している」

っていうことになるのかな。

夜のシェアリングで恭子さんがこう言っていたのを聞いて、心に沁みた。日本では自己完結していて、こういう些細なところで人の温もりを感じられなくなっているんだなって。きっと生活が便利になった代償なんだよね……。

蛇口をひねればお水もお湯もでてきて、何かを知りたければネットですぐに検

索できて、欲しいものがあればすぐに通販で買えて、こういう生活が段々と人と人との距離を離していっているのかな。

便利になる前の日本がどうだったのかは、その時代を生きていないから何も言えないけど、きっとバングラでの私たちみたいに、みんなで協力して生きていたんだろうな。

ネトロコナの宿舎の前には、ジュート(1)の田んぼが広がっていて、そこで日雇い労働の人が働いている。農作業をする日雇い労働者といえば、ずっと、世界史で習った中世ヨーロッパの小作人のイメージだった。だから実際に目の前で働いている人を見て、日本にいると過去のことに感じることも、本当は地球のどこかで起こっているのかもって思った。

(1)バングラの特産物。別名は黄麻（おうま）。袋を作るときに使われる繊維の原料。

ここでは、2人1組でシャワーを浴びた。スタッフさんが大きな水瓶に井戸水を運んで溜めておいてくれた水を、小さい桶ですくって浴びる。だから水はすごく冷たいし、好き放題使えない。今日もたくさん汗かいたから、調子にのってシャンプーをつけ過ぎたら、まったく落ちなくって、頭から冷水をかぶり続けるはめになった。なんでこんなに暑い国に来たのに寒さに震えながらシャワーを浴びなきゃいけないいんだろう……しかも一緒に入ったまゆちゃんには、

「何でそんなにシャンプーつけちゃったの？　それじゃあ流れないよー」

って馬鹿にされるし。（笑）

そういえばシェアリングで、井戸の話以外にも子どもたちとの遊び方が話題になった。

昼食後、子どもたちと遊ぶために日本から持ってきた風船とビーチボールを出したら予想外のことが起きた。みんなで遊ぼうと思って持ってきたのに、風船はみんなには行き渡らなかった。一部の子たちは風船をもらえて喜んでいたけど、残りの多くの子たちはずっと、

「風船ちょうだい」

って私たちにせがんできた。ビーチボールは力の強い男の子たちが嬉しさのあまり、狂ったかのように四方八方に蹴って、女の子と小さい子どもたちは自分たちの方に飛んでくるビーチボールに注意しながら遊ばなければいけなくなった。どの玩具もみんなで楽しめるように持ってきたはずなのに、結果的には子どもたちに恐い思いをさせたり、物を乞わせてしまう原因になった。私たちが物を持ち込まなければ、子どもたちは仲良く遊んでいたのかな。

「物があれば幸せ」なんていう考え方は寂しいよね……。

「便利な生活」のせいで、私たちの心は貧しくなっていたのかな。いつの間にか。物を介してではない、人と人との素直な関わり、こういう単純なところに幸せを見出しにくくなっているんじゃないかな。

私たちはカメラで写真を撮って、たくさんの「瞬間」を画面の中におさめようとする。鮮やかな記憶として思い出せるように写真を撮るのもいいけど、まずは五感をすべて使って自分の心にその大事な「時」を刻み付けるべきなんだろうね。カメラの中のデータはいつ消えるか分からないから。

こう思ったのは、子どもたちと遊んでいるときに、あやのさんのカメラが無くなったから。カメラは子どもが家に持って帰ってしまっていて、スタッフさんが探しに行ってくれて見つかったから良かったんだけど、何とも言えない出来事だった。
子どもたちからしたらどんな物でも珍しい。
珍しいから欲しくなる。
でも物がバングラの子どもたちを豊かにするとは思えない。
だって物が私たち日本人を必ずしも豊かにしているとは限らないから。
結局物を使わずに遊ぶのが一番。
子どもたちと同じ目線で。
こんなに単純なことに、どうして今まで気がつかなかったんだろう。

もう眠い……おやすみなさい……。

# 5日目：人生を美しくする躾(しつけ)

今日は初めて小学校を訪問させてもらった！

いつもよりちょっと急ぎ目に朝の支度をして、みんなで歩きながら学校に向けて出発！　他のチームはＢＤＰの車で学校まで移動できるんだけど、Ａチームはネトロコナまでレンタカーで来て、そのレンタカーを夜のうちに返しちゃったから学校まで歩くしかない。

「日に焼けるし、暑いし、大変だし」

って、初めは長時間歩くのは嫌だったけど、段々楽しくなってきた。

歩くことで、バングラの子どもたちが普段、どういう気持ちで学校まで歩いているのか少しだけど分かった気もする。私だったら学校まで毎日何十分も歩くのは正直辛い。でも宿舎とか道で会った子どもたちの笑顔を思い浮かべると、

「私が今、初めてのバングラの学校に向けて歩きながら感じるこの期待と緊張。これに似たような気持ちでバングラの子どもたちは学校まで歩いているのかな。子どもたちからすると、学校で教わることすべてが新しくて楽しみなのかな」

って思う。どの子も、新しいことを知るのが楽しみっていう好奇心に満ちた顔をしている、この国の子どもたちは。

それに、歩くことによって自分のペースで写真を撮れるから幸せ。バングラの

風景があまりにも私の好きな色合いで、ずっと写真を撮りながら歩いている。でも自分の心にもこの光景をちゃんと刻みつけないと。

見渡す限りが田んぼで、そこに映る青い空、あちらこちらに生えている草。全てが鮮やかな原色で、フィルターを通して見ている感じ！

道には牛とかヤギがたくさんいる。子ヤギはすごく可愛いんだけど、牛ははっきり言って邪魔（じゃま）。道の半分以上を占領していたりしていて迷惑。「どいて！」って言っても絶対にどいてくれないだろうし。（笑）

初めてのバングラの学校、
初めて見る寺子屋。

日本でいう「学校」とはとてもかけはなれている。
だって私の学校は、
・鉄筋コンクリートの5階建て
バングラの寺小屋だと、
↓打ちっぱなしのコンクリートの平屋

・1学年あたり教室5つ＋理科室＋家庭科室＋体育館＋会議室……
↓3つの教室を6学年で共有
・太陽の光が綺麗に入るように設計された大きな窓＋明るい蛍光灯
↓教室が真っ暗にならないように作られた小さな窓
・字がはっきり見えるようにカーブのついた大きな黒板
↓大きな字を書いたら一瞬で埋まってしまいそうな、汚れの目立つ黒板
・1人1台、人数分の机が広々と並べられた教室
↓隣の子と肌をくっつけないと全員が座れないぐらい少ない、ベンチと
　長机が押し込まれた小さな教室
・雨が降るたびに綺麗に整備されるグラウンド
↓草が伸び放題な前庭
・音姫のついた清潔な水洗トイレ
↓ほぼ穴だけの薄暗いトイレ

っていう感じで違いがありすぎる。

でも、一番印象的だったのは、

日本から遠い国バングラデシュに来て、学校を訪問して、校舎の入り口にきちんと揃えて並べられている子どもたちのサンダルを見つけたこと。

スタッフさん曰く、JICAの人たちが学校教育の向上のためにいろいろと働きかけていて、この学校はBDPのモデル校に指定されているみたい。言われてみれば、プーバイルでのオリエンテーションでモデル校の話をしていたかも。

靴を脱いでから教室に入るのは、教室を綺麗に保つための取り組みらしい。

バングラではもともと靴を脱ぐ習慣はあまりなさそう。まず、靴を履いている人をほとんど見かけないし。

バングラの田舎道って、もちろんコンクリートではなくて、土のままだから裸足でもそれほど危なくないんだよね。ボンちゃんなんて、宿舎ではずっと裸足で歩きまわっているし。靴を履いている人も見かけるけど、裸足の人の方が多い気がする。特にお母さんたち。靴を履いている女性ってあまり見かけない。女性は家で1日中家事をしているし、日本だと想像できないけどバングラでは包丁を足で押さえて野菜とかを切るから、靴があるとかえって邪魔になるのかな。ちなみにこの包丁は野菜や果物だけではなくて、魚の鱗や臓器を取ったりするのにも使うんだって。みじん切りをする時も、足で押さえた包丁で、玉ねぎの片端以外を

パイナップルを
切っているところ

短冊状にしてから、横から切り落としていくらしい。

儀子さん曰く、「空中でみじん切りにしている」らしい。日本とあまりにも切り方が違うからこの説明じゃわからないか。でも説明しようにも独特すぎて説明のしようがないいんだよね。バングラからすれば普通なんだろうけど。

ＢＤＰは靴以外にも「躾」を実践していて、「ゴミをゴミ箱に捨てること」を子どもたちに教えていた。

日本人からすれば、当たり前のことだけど、これってベンガル人にとってはすごく大変なことみたい。スタッフさんがちゃんと証明してくれているぐらい。「ベンガル人はゴミをゴミ箱という箱にわざわざ入れに行くのが苦手」って。子どもたちにゴミを決められたところに捨てるように教育する立場にいるはずのスタッフさんまでがそこら辺にゴミを投げるからね。私たちが食べちらかしたお菓子の袋とかを見てスタッフさんが、

「捨ててくるからちょうだい！」

ってもらってくれる。

「わあー！　優しい！　ジェントルマン！！」

ってみんなで感動していたら、スタッフさんが、ポイって道にお菓子の袋捨てちゃって、みんな目が点。（笑）

「え？　今の何？　見間違いだよね、きっと」って。

これはスタッフさんに限ったことでもなくって、ダッカの街なんてゴミの川ができているし、昨日の移動の車の中からは、バスの二階席から二リットルのペットボトルを投げる人を見かけた。ちなみにこの投げられたペットボトルは隣を走っていた車の窓に思いっきり当たっていた。誰もこの出来事に対して驚いたり、怒ったりする様子も無かったけど。（笑）

バングラのゴミ処理技術とベンガル人のゴミの排出量が噛み合っていないんだよね。ゴミ焼却炉がほとんど無い国に、外国のプラスチックで覆われたお菓子とか安いビニール製品が突然生活に入ってきたら必然的にこうなるよね。

くりくりな大きな瞳をした可愛い子どもたちは、笑顔でお菓子のパッケージをそこら辺に捨てるし……。

昔のバングラなら自然から生まれたものだけを、長く大事に使っていただろうにな。プラスチックみたいに無機質なものより、温かみがあって伝統のある陶器とかがきっと生活を彩っていたはず。そういうものは、使いふるして使えなくなっ

街のいたるところにゴミが…

ても、そのうち自然に戻っていく。生ゴミなんて未だに家畜が食べていたりする国なんだから、バングラがプラスチックだらけになっちゃったのも最近のことなのかな。
それにしても、先進国はこうやってバングラを知らぬ間に傷つけているんだね。自国の利益しか考えずに、バングラをただの（物や技術の）輸出先としてしか考えていない。自分たちの製品がいかにバングラの自然を壊しているのかは考えずに。資本主義はこんなに理不尽なことも黙認しちゃうんだね……。

難しい話はここまでにして、子どもたちの授業風景の話！
っていっても、これもまた考えさせられる内容だけど。

でもこれからたくさんの学校を訪問させてもらうわけだし、今日は直感的に感じたことだけを少しだけ書くことにする。話長くなりそうだし。(笑)

一番強く感じたのは、

「子どもたちがとても真剣な目つきで授業を受けている」

っていうことかな。日本人が来て緊張しているのもあるだろうけど、どの子も「本気」だった。一途に勉強している子どもたちって、すごく可愛い。あまりにも真剣すぎたから、私たちが来ていることで邪魔になっていないかなって心配になった。(笑)

午前中に行った学校は狭かったから、外ではあまり一緒に遊ばずに早めに宿舎に帰った。

宿舎に戻ってからは、お昼ご飯を食べて、お昼寝をした。
お昼寝をちゃんとしているのは、いつも通り、大人と大学生の一部だけで高校生はまったく寝ていない。宿舎に遊びに来てくれている子どもたちと遊んだり、部屋でふざけたり、トランプしたり……、寝ること以外なら何でもする。日本から持ってきた数学の問題集とか英単語帳を眺めたりもした。でも眺めるだけで、解いてはいない。(笑)
高校生はこうやって騒ぎまくっているけど、灼熱の太陽は大人たちにかなり応えるみたいでずっと寝ている。その大人の一人の恭子さんをお昼寝から覚ますのが大変だった。みんながかなり必死に名前呼んでいるのに、起きる気配が一向にない。そんな光景を見て私は大爆笑。みんなの努力のおかげで恭子さんがようやく起きても、私の笑いは止まらなかった。(笑)
この国に来てから何だかんだ言ってずっと笑っている。もともとツボが異様に浅いっていうのもあるんだろうけど、メンバーの誰もが本当に面白い。
「スタツアに参加する人って真面目な優等生しかいないんだろうな」って来るまで思っていたけど、オープンな人ばかりでずっと笑っていられる。

そうそう、午後の学校訪問の話。恭子さんが起きたあとは、歩いて10分ぐらいの距離にある小学校に行った。お昼寝が長引いたせいで、授業が終わる数分前に着いたから授業はほとんど見られなかった。でもその分、子どもたちと校庭でたくさん遊べた。校庭っていっても、空き地みたいなところだけど。遊ぶ前に子どもたちに自己紹介をしないといけなくって、人見知りで自己紹介が大の苦手な私は、

「あー、どうしよう。また声届かない」

って心配していたんだけど、

「アマールナム・ノエミ（私の名前はノエミです）」

って言ったら、子どもたちが声をそろえて、

「ノエミ！！！」

って返してくれてすごく嬉しかった。普段、自分の声が全員に聞こえることって滅多にないから、本当に感動した。自分の声がバングラに来てから少しだけでも大きくなったのか、通りやすくなったのかなって思った。だとしたら、この国に来てよかった！ って。でも残念ながらそんなことはないんだよね。さっきもメンバーに、

「ごめん、もう一回言って！」

って聞き返されたし。

最初は、子どもたちの耳がめちゃくちゃ良いのかなって思っていたんだけど、違ったみたい。ベンガル人だからって、私の小さい声を聞き取れるわけではないらしい。

本当の理由は、子どもたちの眼の良さ。ベンガル語で書かれている私の名札の名前を読んでいたみたい。３メートルは離れていたのに、すごい視力。こんな大自然の中で暮らしていたら眼が悪くなる理由もないもんね。ちなみに私は小学生のときにパソコンにはまりすぎたせいで、小６以来ずっとコンタクトレンズ。何回もパソコンをうらんだり、簡単にはまってしまった自分を情けなく思ったりしたけど、視力だけは簡単に戻らない。一番欲しいものを聞かれたら、「コンタクトを付けなくて済むぐらいの視力」ってきっと答える。（笑）

だからバングラの子どもたちには絶対に眼を悪くしないで、せっかくの視力をこれからも代々受け継いでいってもらいたい。スマホとかが段々と農村にも浸透しているみたいだけど、日本みたいにネットに支配されるような国にはなって欲しくないな……。

自己紹介のあとは、子どもたちのダンスとか歌を見せてもらった。お返しにこっちもソーラン節とかを踊ったけど、クオリティーの差がかなりあった。バングラの子たちが上手すぎた。この日のために練習してくれていたのが伝わってきた。それに比べて日本人のほうはグダグダ。（笑）ソーラン節なんてバングラに着いて初めて踊ったぐらいだし。情けないからもう少し頑張って上手くなろう……っていうよりも、ならないと。

最後は子どもたちと走り回ったりして遊んだ。これが一番単純で楽しい。

その間、ＢＤＰスタッフのヘモントさんは、子どもたちと騒ぎまくる私たちを背に、学校の隣にある池で魚を釣っていた。

ちなみにヘモントさんが釣った魚は、夜ごはんとして食べられるらしい。だから夜ご飯に何人が魚を食べられるかは、ヘモントさんの腕にかかっている。（笑）みんな（日本人だけ）の体力が持たなくなってきた頃、宿舎に戻る時間になった。

宿舎に戻ってからは、熱々のチャーを飲みながら少し休憩した。本当にいつもチャーばかり飲んでいる。１日５杯は飲んでいるんじゃないかな。でもネトロコ

視力だけじゃなくて、目力もすごい。（笑）

ナのチャーはレモンジンジャー味で、ミルクが入っていないから個人的にはすごく飲みやすい。糖分は相当多いだろうけど。1杯当たりのカロリー、すごいんだろうな。（笑）

飲み終わったあとはＢＤＰの学校で働いている先生のお家にお邪魔した。やっぱり日本の家とはまったく違って、時代劇の中に出てくる家みたいだった。もちろん和風っていう意味ではなくて、物の少なさっていう意味で。電気もほとんど通っていなくて、日が暮れたら蝋燭で生活するみたい。

自分たちが今、宿舎でしている生活は、日本みたいに設備が整っていなくて不便で、一言で言うと「日本と比べて貧しい環境での生活」ってずっと思っていた。でもこの私たちが「貧しい」って感じている宿舎での生活は、バングラで暮らしている人たちからすれば「豊かな」生活なんだなって、今さらだけど思った。でもそうしたら、私たちが日本でしている生活って「すごーーく豊か」なんだろうな。「物」を基準に考えた場合ね。

物質的にだったら、どこからどう見ても日本のほうが「恵まれている」けど、目に見えないもの、例えば家族の温もりとかを考えるとどうなんだろう。

バングラの子どもたちには、友達と思いっきり走り回れるスペースがそこらじゅうにあるし、家族とゆっくり過ごす時間もある。

どっちがいいかは人それぞれだと思うけど、家族と話す時間、人との温かい関わりを求めている日本人って案外多いんじゃないかな。子どもにとっての一番の幸せは、「不自由することなく成長できること」って思い込んで、自分の人生の限られた時間を仕事に注ぎこんでいる親って多いんじゃないかな。でもその結果、お金ではもう手に入らないかけがえのないはずの大切な時間を逃してしまっていた。気がついた時にはもう子どもは、「パパー！　ママー！」って言って胸に飛び込んできてくれるような年齢ではなくなっていた、っていう感じで。

子どもの方もそうだよね。小さかった頃には、お父さん、お母さんはお仕事で必死だから、「もっと一緒に居たい」なんて言い出せるような空気じゃなくて、そのまま大きくなって、何か辛いことがあっても、もはやもう親に甘えられるような年齢ではないしって、そのまま大人になっていく。誰が悪いっていう話ではないけど、こういうのって何か寂しいよね。

多分、子どもにとっての一番の幸せっていうのは、

「家族と過ごす温かい時間を通して人としてのあり方を教えてもらうこと」

にあるんじゃないかな。

これって、この過程を通過した人からしたらすごく共感できることなんだろうけど、こういったことを学ぶ機会がなかった人にとってはあまり理解できないことなんだろうなって思う。

「そういうことを言ったら人は傷つくからやめなさい」って親から叱られたり、当たり前のことだけど、「人にされて嬉しいことを人にもしなさい」って教えられることによって、人としての美しさが生まれるんだよね。だから親にそういったことを教えてもらえなかった子は、自分の言動ひとつで隣にいる誰かを傷つけているっていうことに気がつけない。

自分が人を傷つけているっていうことに気がつけない、って辛いと思う。でもそのことに気がつかさせてあげられるのも親だけ、だと思う。

「躾（しつけ）」

バングラ初日のオリエンテーションのとき、プロジェクターで映されたこの漢字を見て、すごいなって思った。躾っていうのは、自分の身を美しくするためにあるんだなって。今までどういう漢字を書くのか考えたことがなかったけど、すごく良い字。礼儀正しい人とか、マナーを守れている人って、やっぱり美しい。

高校生が言うのも変だけど、躾って本当に大事だと思う。

そういえば今日の夜ごはんで、乾燥したピンクグレープフルーツみたいなものを食べた！　ジャンブラーっていって、塩をかけて食べる。脱水症状にならないためなんだろうだけど、バングラの人って何にでも塩をかける。あとは、マンゴーの種にかぶりついた。初めてマンゴーの種を出されて驚いたけど結構美味しい！　味は普通の実の部分と変わらないけど。（笑）

ヘモントさんが釣った魚も食べた！　釣れた量は決して多くないけど、すごく美味しかった！　バングラに着いてからずっと鯰（なまず）しか出なかったから久しぶりに生臭くない魚を食べられた。鯰っていってもそこまで生臭くはないけどね。

一日中歩いていると疲れる。特にお昼寝していないと。（笑）

あー、眠い、眠い……。

# 6日目：心が温かくなる人との関わりあい

今日の朝ごはんはなんと！
フォークで食べた！　これだけでテンション上がる。（笑）
ジャンスカティンっていう、焼きそばみたいなものが出た！　ラーメンを卵と玉ねぎと一緒に炒めて、塩味を付けた感じのもの。シンプルだけどすごく美味しかった！　さすがのベンガル人もこれはフォークで食べるみたい。伝統料理っていうよりも、外国から入ってきたインスタント麺をバングラ流に調理したものっぽいから、それなりに裕福な家庭が食べるものなのかな？
久しぶりにフォークで食べれたし、美味しいし、ジャンスカティンって最高。でもカレーには負けるかな。

午前中は「リキシャ」っていう乗り物に乗って学校まで行った。おかげで歩かずに済んだ。（笑）運転手さんがこいでくれるからね。
「リキシャ」っていうのは、奈良とか京都でよく走っている「人力車」を派手に装飾した感じのもの。でも構造が少し違って、人力車は人が走りながら引いてくれるのに対して、リキシャにはペダルが付いているから運転手さんはこぎながら私たちを運んでくれる。

人力車に乗ったことがないから分からないけど、乗り心地はまったく別のものだと思う。リキシャはシート部分が斜めっているから、デコボコの道を走ると、座席部分からどんどんずり落ちていく。道のせいなんだろうけど（日本みたいにコンクリで舗装された平らな道なんて無いから）乗り心地はかなり悪い。でもこの太陽の下、長距離を歩くよりは楽。リキシャをこいでくれている人には本当に申し訳ないけど……。

今日の学校は校庭がすごく広くて、「大自然の中の学校！」って感じだった。1年生のクラスを見学させてもらったんだけど、先生がすごく可愛かった。授業の間私は何を見ていたんだろう、恥ずかしい。（笑）でもそれぐらい可愛かった！

他のところも一応ちゃんと見た。壁一面に子どもたちの絵が飾られていたところとか。ところどころに惑星の並び順の絵とか人体図とかも貼られていて、授業のレベルの高さ、質の高さを改めて感じた。

さすがに1年生が理科の授業で人体図をやっているわけではないだろうけど。4・5年生の授業で使うのかな。

ＢＤＰの小学校では午前と午後の二部制をとっていて、一つの教室を2学年で使うようになっている。午前中は家事や農作業の手伝いをして、午後は学校に行くっていう感じで通っているみたい。学校とお手伝いの順番はそれぞれ変わるけど。だから同じ教室にレベルの違う教材が貼られているんだよね。

どっちにしろ小学生にしてはかなりレベルが高いと思う。1年生から英語習っているわけだし。

「NGOによって建てられた発展途上国の学校では、母国語の読み書きと単純な算数とかを教えているだけ」

って思っていたんだけど、そんなイメージは簡単にくつがえされた。

授業のあとは校庭で子どもたちと遊んだ。そうしたら花粉をたくさんかけられた。子どもたちと遊んでいると、後ろから他の子が来て、私たちに花びらと一緒に花粉もかけてくるから気を抜けない。最後は花粉のかけ合いだった。でもバングラの子って逃げ足が速いんだよね。どんなに頑張っても私たち日本人はかけられるだけで、子どもたちに花粉をかけることができなかった。くやしい。(笑)

久しぶりに走り回ったおかげで、心も体もポカポカになった！　ポカポカどころじゃなくて汗ダラダラだけど。(笑)

物を使わずに人と触れ合うと心が和む気がする。

帰りはリキシャの隣を走って
見送ってくれた！

帰り道は、リキシャの上で自由に身動きが取れるくらいにはなっていたから、汗ふきシートで涼んでいた。外にいるときってあまりにも暑いから、汗ふきシートが欠かせない。

でもよく考えてみたら、リキシャをこいでいる運転手さんの方がよっぽど辛いわけで、申し訳なくなって一枚あげたら、ニタ～って笑いながらすごく喜んでくれた。「え！　めっちゃスースーするんだけど」って思ったのかな、

「もう一枚ちょうだい！」

って言われた。（笑）正確に言うと、言われたんじゃなくて、ジェスチャーで伝わったんだけどね。リキシャの運転手になる人ってちゃんとした教育を

受ける機会がなかった人が多くて、英語を話せないんだよね。でもジェスチャーで大体のことは通じたし、笑顔でコミュニケーションを取れたから移動時間はすごく楽しかった！

言葉が通じると深い話とかもできるけど、通じないことで単純に笑顔だけで心からの会話ができたと思う。笑顔でいれば、「楽しい！」っていう気持ちは通じるからね。

汗ふきシートをこんなに気に入ってもらえるんだったら、もっとたくさん持ってくればよかった。でも道とかに捨てられたら環境に悪いから、やめたほうがいいかも。

お昼ごはんを食べたあとは、また私が大嫌いなお昼寝の時間になった。私にとってのお昼寝は、大学生のみんなが寝てしまって遊び相手が減る退屈な時間。（笑）1人でスマホのゲームやっているよりも、誰かとお喋りして笑っているほうがよっぽど楽しい。こう感じるようになったのも、バングラに着いてからだな……。

でもみんな寝ちゃうんだよね、暑いから。だから起きている数人で寝ている人たちにイタズラして遊んでいる。寝ている人のスマホのロック画面を変顔に変え

たり、写真を撮りまくったり。あとはパスコードで遊んで、起きたら1時間画面ロックとか。（笑）

でもこのイタズラって、ある意味、私たちが電子機器から離れるのがどれだけ難しいかっていうことを示しているのかも。この1週間弱、バングラの子どもたちと遊んで、「電子機器がない生活の方が豊かで幸せ」って思っているけど、結局は使っちゃうんだよね。「私たちってどれだけ電子機器に執着しているんだろう」って思った。

そうこうしているうちに案外早く時間が経って、近所のマーケットに行く時間になった。本当は舟に乗って学校を訪問するはずだったんだけど、バザール（大きな市場）の近くを通らないといけなくて危ないからって、急きょ変更になった。人が多くなると危ないのかな？

このマーケットは週に一回開催されているもので、人が大勢いて賑やかだった。果物、野菜、魚、香辛料とかを量り売りしていた。週に一度のこの日に、自給自足では手に入らないいろんな物を手に入れるみたい。たしかにコンビニとかスーパーみたいに便利なものを全然見かけない。市街地にならいろんなお店があるん

だろうけど、田舎にはそんなもの無さそう。

やっぱりマーケットでもいろんな人に好奇心の目で見られた。日本人ってそんなに珍しいのかな？

夕方は宿舎の庭で子どもたちと遊んだ。その時に小学生ぐらいの女の子とした会話がすごく印象に残っている。

その子から、

「Student?」（高校生？）

って聞かれたから、

「Yes! Are you a student?」（そうだよ！　あなたは？）

って聞き返したら、

「Yes! BDP!」（うん！　BDPの学

校に通ってる！）

って、キラキラな笑顔で、すごく嬉しそうに答えてくれた。

「この子は、周りの人たちに感謝しながら、毎日学校に通って勉強しているんだろうな」

って思った。その子が直接そう言ったわけではないけど、

「勉強ができて嬉しい！　ありがとう！」

って顔にかいてある気がした。おかげでこっちまで笑顔になれた。

自分はどうなんだろう。毎月10万ものお金をかけて教育を受けさせてもらっているけど、10万円分の勉強を自分はしているのかな。私立の学校に通うこと、塾に行くこと、全てが自分の中では当たり前になっていたんじゃないかな。勉強できない言い訳ばかりして、ずっと勉強から逃げてきていた気がする。

バングラの子どもたちから学ぶことって多いな。

夜ごはんを食べたあとは、庭に集まってみんなで歌を歌った。ほとんどずっとヘモントさんが歌っていたけど。バングラの人って、歌い出すと止まらなくなるみたい。（笑）

私は途中で眠くなってきたから、部屋に戻ってゴロゴロしていた。今日の月、すごく綺麗でキラキラしていた。

今日のシェアリングでは、「コミュニケーション」についてかなり話し合った。言語が違っても、言葉以外で意思疎通はできるし、相手によってコミュニケーションの取り方も変えなきゃいけないんだなって。

喋(しゃべ)るのが大好きな子と人見知りな子、同じ方法で話しかけたら、きっとどちらかの子は居心地悪く感じる。それと、人見知りの子には、こっちから話しかけてあげないとお喋りできないっていうことも。2つ目の方はすごくよく分かる。自分がかなりの人見知りで、話がしたくっても自分からは話しかけられないことがよくあるから。

でもバングラでは「人見知りだからー」っていう言葉には甘えられない。バングラの子どもたちの中にも人見知りの子はいるわけで、その子たちは年に一度しか見ない外国人を目の前にしているんだから、こっちから話しかけてあげないといけないんだよね……。でもこれが私にはかなり辛い。(笑)

「話しかけに来てくれた一部の子たちだけと話すので十分でしょ」っていう考

え方もできるけど、何か自分勝手な気がする。周りが見えていないって言ったほうがいいのかな。

話しかけてこない＝話したくない

っていうわけではないし、実際はすごく話してみたかったりするんだよね。人見知りな子にも話しかけられる人って、本当に優しい人のような気がする。自分はそんな人にはまだほど遠いけど、いつかそんな人になりたいな。

それにしてもバングラに来て、人見知りも少しだけなくなって、オープンになれた気がする。ただ単に性格が雑になっただけかもしれないけど。（笑）

それでシェアリングでは、

「接し方をそれぞれの子に合わせながら、いろんな子に明日は話しかけよう！」

ってまとまった。

日本では、人とたくさん喋らなくても暮らしていけるけど、この国に来ちゃうと否が応でも喋らないといけない。帰るころにはお喋りになっているのかな。（笑）

バングラの人たちが、しょっちゅう私たちに話しかけてくれるのは、私たちを気にかけてくれている証（あかし）なんだろうな。受け取るだけっていうのも、何か寂しい。お互いに与え合う関係が理想かな。

## 7日目：モンスターになるか人間になるか

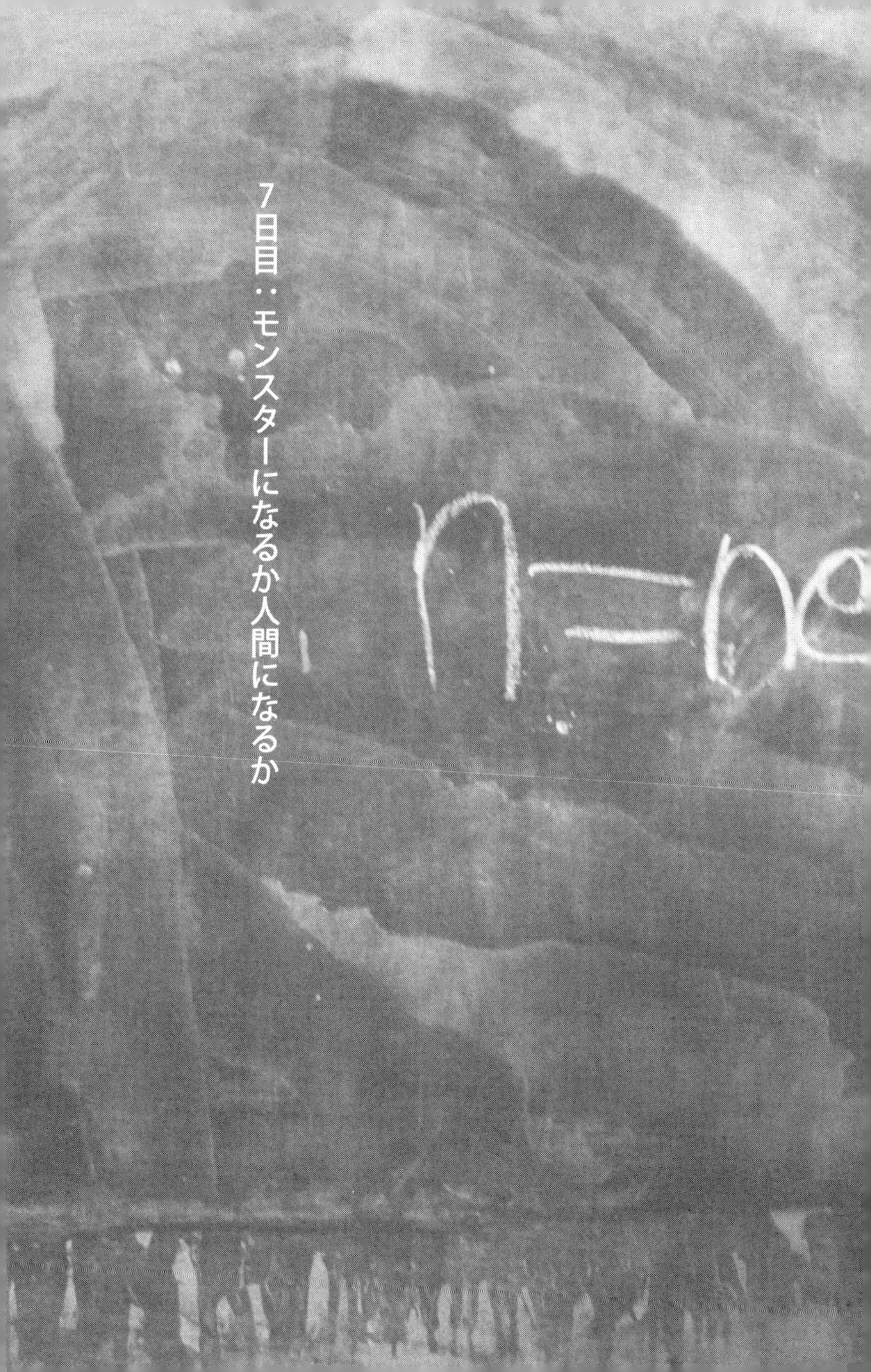

今日は舟で学校まで行った。いわゆる「船」ではなくって、屋根は付いているけど木で出来ている簡単な「舟」。移動の間みんなでゆっくりと話をできるのって珍しいから、すごく嬉しい。もちろん、会話の中身は……恋バナ。実はAチーム、女の子しかいないからずっとそんな感じの話ばかりしている。「せっかくだから！」ってスタッフさんに言われて、舟の屋根に上ってそこで恋バナしていた。途中から小雨が降りだしたんだけど、傘をさしてそのままみんなで話し続けていた。大学生の恋バナってすごく参考になる。（笑）

午前中に行った学校の屋根は、トタン板でできていた。今まで見たものはレンガかコンクリート造りだったのに。

教室と教室との間の仕切りがすごく薄くて、隣でやっている授業が丸聞こえだった。机とか椅子もなくて、子どもたちは地面に座って勉強していた。もちろん電気も通っていないから、小さな窓から差し込む僅かな光だけが小さな教室を照らしていた。教室が暗いっていうのは大体どこの学校でも共通しているけど、地べたで授業を受けているのはここが初めてだった。だからすごく驚いた。でもきっと、こういった感じの学校の方がこの国には多いんだろうな。青空教室のところもまだまだたくさんあるわけだし。

この国の教師一人あたりの生徒数は日本の約3倍。小学校5年生までが義務教育。女の子は2年生まで。でも途中でドロップアウトする子どものほうが多い。5年生まで残るのは全体の2割。残っている子の中には朝は工場で働いて自分で稼いだお金で学校に通う子もいる。最終的に大学まで進むのは、100人中1人だけって恭子さんが言っていた。数年前にやっと、

「6歳になったら学校に行こう」

っていう意識が定着したとも。

地球全体でみても日本のような学校は少数なんだろうな。クーラーをガンガンにかけて脚にブランケットを巻きつけながら授業を受けている私たち。日本の教室では天井を見上げれば真上に大きな蛍光灯があるし、今にも割れそうなくらい細い試験管が並んでいる実験室とか、和食、中華、洋食までと理解できないくらいたくさんのお皿がある調理室、気持ち悪くなるくらいリンゴマークがたくさん並んでいるPC室もある。こんなに恵まれている学校って全世界の学校のうち、何パーセントくらいなんだろう？

宿舎に戻る帰りの舟で、スタッフさんが、

「滞在しているところとは違う村に連れて行ってあげる」

って言ってくれた。だけど私は少し疲れていたし、ずっと聞きたかったことがあったから、ヘモントさん（BDPのスタッフさん）と一緒に舟に残ることにした。

実は、初日に空港で会った足を無くした物乞い男の子がすごく気になっていた。

スタツアの準備会のときに、

「物乞いの子に会っても、可哀想だからってお金をあげちゃ駄目」

って言われていた。なぜなら、

「汚い服を着て歩いている子供を連れ去って、その腕とか脚を切る人がバングラにはいる」

から。

「そうして物乞いになった子たちは、家に帰れずに連れて行かれた場所で、生きるために物乞いをするしかない。もし道で出会った物乞いの子がそういった境遇にある子なら、お金をあげるっていう慈善の行為も、闇の世界に無意識のうちに加担していることになる。だから簡単にお金をあげてはいけない」

そう言われて、この国の手足の無い子たちの多くはそういった経験をしてきた子たちなのかなってずっと気になっていた。

このことをヘモントさんに質問してみたら、

「生まれつきの子、病気の子、事故の子が多い」

って教えてくれた。実際の割合が本当にそうなのか、日本の高校生に本当のことを言ったらショックを受けるだろうから言わなかったのか、本当のことは分からないけど、日本に住む私たちからしたら想像もできないような人生を送っている子どもたちがこの国にはいるっていうことは事実だよね……。

家に帰れずに、不自由な体で、一日中、街を歩き回らないといけない子どもがこの世界にいるなんて、今の日本からはまったく想像できない。

「可哀想」

とかそんなのじゃなくて、おかしいと思う。地球のどこに生まれても、子どもに優劣なんてないはずで、どの子も幸せな子ども時代を生きる自由を持ってこの世界に生まれてきているはずなのに……。


みんなが戻ってくるまで時間がまだあったから、小学校を一つ建て終わるまでの過程も話してくれた。

1　学校に行けない子どもの数などを調査し、どの村に学校を建てるかを決める。

2　先生をやってくれる人（できれば女性）を探し、まずはその先生の家の中や木の下など既存の場所で授業を始める。

3　生徒数も増えて、村の人々が「寄付するから、校舎建てて！」、「この土地使って！」って言い出したら校舎の建設に取りかかる。

4　まずは竹の校舎。次にトタン、レンガと生徒数と村人の要望に合わせて建て替えていく。

こうすることで、ＢＤＰと村人の間に深い信頼関係が生まれる。「校舎を建てるだけ建てて、あとは村の人たちに任せた！」っていう団体もあるけど、それでは長く続かずに学校がうまく運営されないらしい。ＢＤＰの学校は人気があって、危機にある学校を引き継ぐこともよくあるんだって。そんな細かいところまで考えながら学校を建てているなんて知らなかった。でも、箱を与えるだけじゃなくて、そのあとのケアも怠らないのって大事だよね。すごいなぁ。

午後は雨が酷かったからずっとお昼寝。お昼寝といえば最近はサロワカの穴を直す時間になっている。サロワカのズボンに穴が開きやすくって、毎日まゆちゃんが直してくれている。ゆかは元気が良すぎて一日一箇所は必ず開ける。それ以外の人は大体ローテーションでまゆちゃんに頼みに来る。走ったり、座ろうとしただけで穴が空くから、必ず毎日まゆちゃんに仕事がやってくる。

ケミと私で、「私たちも縫えるよ！」って言ったら誰も信じてくれなかった。「でも試しに縫わせてみよう」ってまりぴーさんがやらせてくれた。でも私が針をサロワカに刺した瞬間、クックさんにサロワカを持っていかれた。

「あなたのやり方じゃ上手く縫えない！」

っていう感じで。私ってそんなにお裁縫が下手そうに見えたのかな？　いくら何でもそんなにすぐ持っていかなくてもいいじゃん。これじゃ誰にも信じてもらえないよ。（笑）

私たち日本人は雨で萎えているのに、バングラの子どもたちはすごく元気。土砂降りの中、子どもが10人ぐらい宿舎に遊びに来てくれた。嬉しかったけど、小学生ぐらいの男の子たちが上半身裸になって、狂ったみたいに走り回っているのを見たときはさすがにびっくりした。（笑）

そのままグダグダなお昼寝時間が夜ごはん前まで続いた。

夜ごはんには、魚のフライとかポテトフライをスタッフさんが作ってくれた。いつも私たち日本人の好みを考えて料理してくれるスタッフさんに感謝しながら今日も美味しくたくさんいただいた！

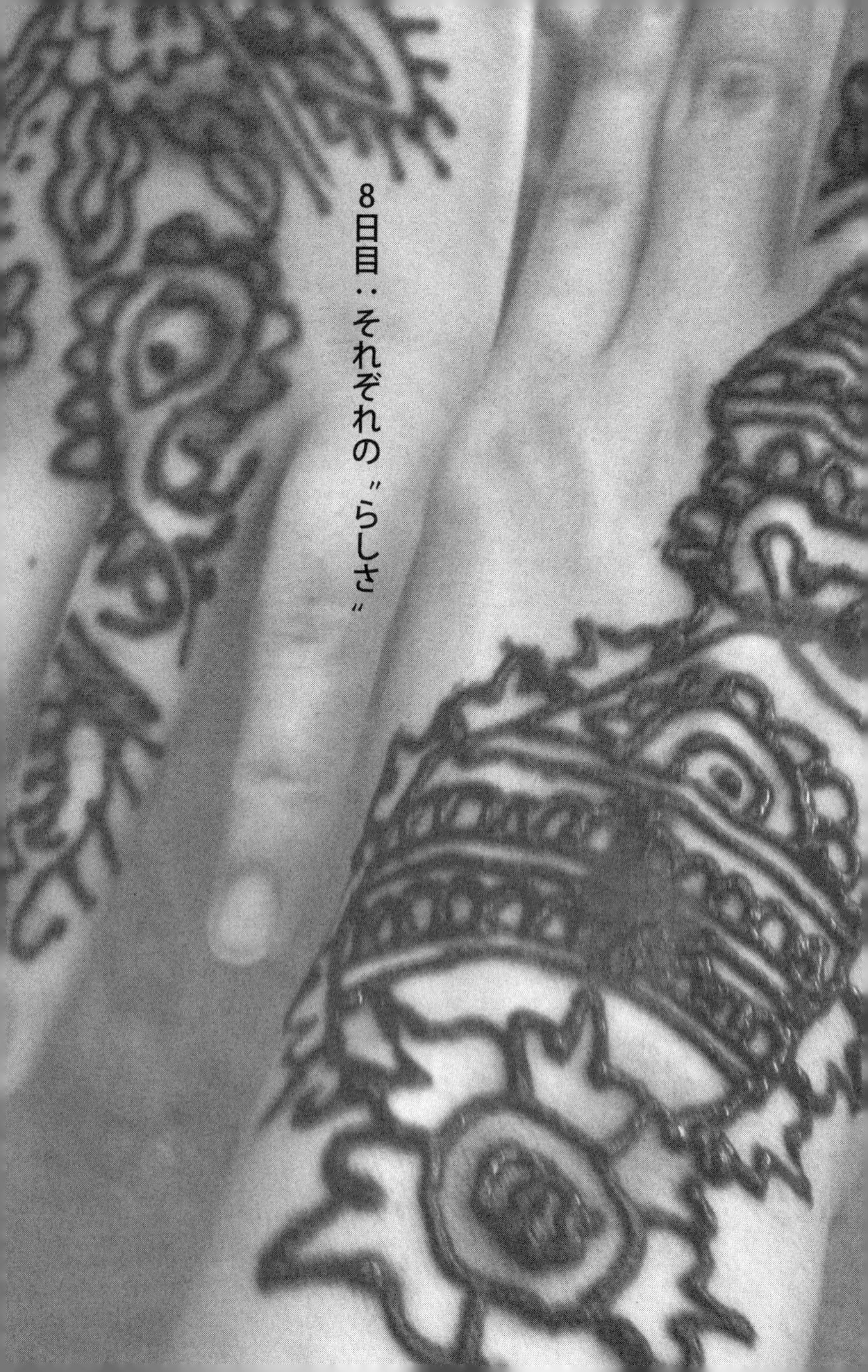

# 8日目：それぞれの〝らしさ〟

ネトロコナで丸一日過ごすのは今日で最後。ここでの5日間あっという間だった。バングラに来てちょうど一週間か。残り半分だ。バングラでの生活って思っていたほど辛くない。カエルが出ればスタッフさんが捕まえてくれる。蜘蛛が出ればそれも捕まえてくれる。それ以外の虫だって何でも捕まえてくれる。ご飯は美味しいし、蛍（ほたる）がたくさん見れるし、子どもたちは可愛いし、時間はゆっくり過ぎていくし、とにかく笑顔がたえない。ちょっとぐらい辛くても5分後には必ず爆笑している。（笑）

「ヘアアイロンとドライヤーを使えないから寝ぐせどうしよう」

って来るまではずっと悩んでいたけど、この一週間まったく寝ぐせがつかない。日本にいる時より髪の調子が良いぐらい。洗濯も、

「自分でやらないといけないのかー」

ってちょっと嫌だったけど、みんなでまとめてやれば速いし、握力のない私を見かねてスタッフさんが洗濯物を絞ってくれる。ここでの生活はまったく辛くなくって、むしろ楽しい。ただ、メンバーのみんなには、

「スタッフさんに頼ってばかりいないで、服ぐらい自分で絞りなさい」

って怒られるけど。（笑）　甘えちゃいけないってわかってはいるんだけど、ス

タッフさんに絞ってもらうと、水分がほとんどなくなってすぐに乾くから助かるんだよね。

今日はリキシャに乗って学校まで行った。20分ぐらい乗ったかな。リキシャにも慣れてかなり快適になったけど、これ以上は乗っていられない。脚と腹筋が疲れる。

今日の学校（ネトロコナで訪問する最後の学校！）では、校舎の入り口で子どもたちが出迎えてくれた！　校舎にたくさんのお花が飾られていて、中に入ると子どもたちが手のひらいっぱいに持った花びらを私たちにかけてくれた。結婚式で新郎新婦がお花をかけてもらっているときってこんな感じなのかな。（笑）

この日は質問する時間をスタッフさんが授業中にたくさん取ってくれたから、いろんな質問ができた。

いつもの、

「将来の夢は？」

「先生！　お医者さん！　パイロット！　警察官！」

「好きな授業は？」

「英語！」「算数！」

「学校楽しい？」

「うん！」

っていう質問以外にも、

「何人家族？」って聞いてみたら、みんな、

「6人！」「7人！」

ってほとんどの子が答えるからびっくりした。でももっとびっくりしたのは子どもたちのほうで、

「一人っ子だよ」

って私が言った瞬間、

「信じられない！」

っていう顔でみんなが見てきた。なぜか爆笑している子もいた。笑うほどのことなのかな？

あとでスタッフさんに、

「バングラではやっぱり大家族が多いの？」

って聞いてみたら、場所によってかなり異なるらしい。バングラの硬貨（一タ

カ）にはお父さん、お母さん、息子と娘が一人ずつ描かれていて、「家族計画をすれば皆が食べていける」って書いてあるんだって。だからダッカとかの都市部には、子ども2人の家庭が増えているらしい。「4人家族が理想」みたいに。でも、ネトロコナとかの農村だと、家の労働力として子どもをたくさん産むところがまだ多いみたい。こういうところでバングラの現状を改めて突きつけられるよね……。

このあとは校庭でみんなと遊んだんだけど、ジョマちゃんっていうすごく可愛いくて美人な中学生ぐらいの女の子がいたから、いろいろと質問させてもらった。学校までは毎日20キロぐらい歩いて通っているみたいで、将来の夢はお医者さんらしい。それにしても20キロ歩くとか想像できない。すごいな。

ジョマちゃんはダンスが好きで、まりぴーさん（ダンスが好きな日本人メンバー）とダンスで意気投合していた。

宿舎に戻ってからは、お昼ごはんをいただいて、いつものお昼寝をした。みんなが寝ているあいだに、私は、朝のんびりしすぎてつける時間がなかったコンタクトレンズをやっとつけた。毎日がグダグダな生活。それが楽しいんだけどね。(笑)

長いお昼寝のあとは、メンディーとサリー体験！　メンディーはヘナっていう植物染料で腕とかに模様を描くアート。ヘナタトゥーって言ったりもする。2週間で消えるから短期的なタトゥーみたいな感じ。インドでもやるから、日本ではインドの文化として知られている。

江間ちゃんに、

「爪にメンディーをやられると、2か月は取れないから気をつけて」

って言われていたからちゃんと気をつけていたのに、少し目を離してケミと話をしている間に、ケミも私も爪に塗られていた。一箇所やられたらもう仕方がないから全部やってもらったけど、今度バングラ行くときには、

「爪には塗らないで！」

をベンガル語で言えるようにしておこう。（笑）

メンディーを塗ってもらったあと、乾くまで30分乾燥させないといけないから、見せ合ったり、お喋りしていた。でもその間、みんな服とかカメラにメンディーの液をつけてしまって、シミがたくさんできていた。

※ちなみに爪に塗られたメンディーは日本に帰ってからは、みんなに「爪どうしたの？　マッキーで塗っちゃたみたいな。ニンジンみたいな色だねー（笑）」と散々馬鹿にされたあげく、11月まで消えなかった。取れるのに2か月

以上はかかった。しかも爪が伸びるにつれて先のほうだけニンジン色。学校がネイルを許してくれるようなところだったらまだ助かっていたのにな……。

メンディーが乾いて、水で洗い流したあとはサリーを着せてもらった。ネトロコナに着いて最初の頃に訪問した学校で、「先生が着ているサリー可愛いなー」って思っていたら、その先生がそのサリーを持って着付けに来てくれていてテンション上がった。でも気がついたらそのサリーは村さんに渡っていた。結局どれも可愛かったからいいんだけどね。(笑)

サリーって、5~6メートルもする1枚の布でできていて、それを体に巻きつけて着るからかなり重かった。このときもジョマちゃんが来てくれていて、着付けを手伝ってくれた。中学生なのに着方をちゃんと知っていてすごいなって思った。浴衣とか着物の着付けすら分かっていない自分が恥ずかしくなった。

日本で着物の着付けをできる人ってどれくらいいるんだろう? 普段の生活の中で着物を着ることなんて滅多にないから、教わる機会があまりないんだよね……。

バングラではまだその伝統が残っている気がする。訪問した学校の先生たちは、重くて動きにくいだろうに、みんなサリーを着ていたし。洋服も悪くないけど、伝統的な服を着る機会がたくさんあるのっていいな。

日本だと、着物は特別な日っていう感じがあるけど、もっとその特別な日が増えてもいいと思う。七五三、成人式、卒業式……以外にも、もうちょっと日常的な感じで。

その国の「らしさ」がしっかり現れている国っていいよね。すごく惹かれる。これってやっぱり人に対しても言えるのかな。「らしさ」のある人っていいなあ。

サリーを着せてもらったあとはみんなで記念撮影をした！

サリー体験が終わってからは、ケミと一緒に、夜ごはんを作っているところを見せてもらいに行った。野菜を切っているところを眺めていたら、男性のスタッフさんがやってきて、

「キュウリにこうやって模様を入れるといいんだよ！」

って言って、やって見せてくれたんだけど、前からいた女性のスタッフさんは、そのやり方があまり気に入らなかったみたいで、男性のスタッフさんが、いなくなったあと困った顔をしていた。（笑）

だけど、夜ごはんのサラダに入っていたキュウリには、綺麗な模様がちゃんと

入っていた。ネトロコナでの最後の夜ごはんだから、ナスの揚げ物とポテト、カレー、ジュースのスペシャルディナーだった！　バングラのご飯美味しすぎる。毎日カレーだけど、それも幸せ。

そしてスタッフさんのみんなが本当に優しすぎる……。いつも私たちのことを一番に考えてくれている。夜はスタッフさんのところをまわって、ソーラン節用に持ってきたＡチームお揃いの、はっぴにサインをしてもらった！　アナロールさんは字が書けないから（自分の名前も）、代わりにニコさんが２人分書いてくれた。

字が書けない人を初めて見て一瞬戸惑った。っていうよりも、最初、状況がまったく把握できなかった。説明してもらってようやく理解した。ＢＤＰのスタッフさんの中にも字が書けない人がいるんだって。そんなこと想像もしていなかったから何かショックだった。この国の現実を改めて突きつけられた気がする。儀子さんが言っていたバングラの識字率50％[2]の中には、自分の名前しか書けない人も含まれているっていう現実を。自分が頭の中で思い描いていた「バングラの識字率」は現実のものとは大分違った。自分の考えが甘すぎた。本当はもっと深刻なものだった。

（2）その国の15歳以上の人口のうち、簡単な読み書きができる人の割合。ユネスコが10年ごとに調査して発表している。

私はこの国に来て、この国で生活して、この国の文化を体験して、この国のことを知ったつもりになっていた。けれども、それは上辺だけだった。自分が「貧困」だと思っていたものは「貧困」のすべてではなかった。私の目に映っていたのは「貧困」の上澄みだけだった。自分が今、目にしているバングラデシュはバングラデシュのすべてではない。もっと貧しい人もいれば、私が想像できないくらい裕福な人もいる。どうしてこんなことにもっと早く気がつかなかったんだろう。まだまだこの国で見て、感じて、知って、学ばないといけないことはたくさんある。もっと観察して、聞いて、たくさんのことを日本に持って帰らないと。

識字率の話に戻ると……

字が書けないと、選挙で投票ができない。字が読めないと、薬の服用方法がわからない。投票は名前を書く代わりに記号を書くことで解決されているみたいだけど、薬は飲むのを諦める以外どうしようもないよね。

女性の識字率は男性よりも低いって聞いた。SEP（現BDPの前身の組織）を創立したマラカール女医は、女性の識字率を上げることをとても大切なことと考えていたらしい。子どもが病気のとき、処方箋を読んで薬を飲ませるのは母親だから。「母親たちが自分で読んで、考えて、行動できるように」って言ってSEPを始めた、ってスタッフさんが前に言っていた。

アナロールさんは字が書けないけど、BDPのスタッフさんをやっていて、毎日が楽しそう。そして誰よりも優しくて、いつも私たちを温かい眼差しで見守ってくれている。

たしかに、字が書けること、読めることって、すごく大切かもしれない。でもそれと同じくらい大切な、人柄とか生きがい、幸せがあるってアナロールさんに気がつかせてもらえた。

ネトロコナでの5日間、大切なことをたくさん教えてもらったな。

ネトロコナのみんな大好きです！

短い間だったけれども、ありがとうございました！

# 9日目：地方と都市のギャップ

ネトロコナで過ごす最後の朝！

散乱している荷物を片付けるのに必死でほとんどゆっくりできなかった。

やっと荷物をまとめ終えてひと息つきながらいつものように、金網に鏡を引っ掛けてコンタクトレンズをつけようとしたら、金網の向こうで私のことをじーっと見ていた10人ぐらいの子どもたちと目が合った。どの子も真剣な顔をして棒立ちだった。

その子たちはみんな、

「あの日本人、眼に変なもの入れてる！　あいつバカなんじゃない？　眼が痛くなるのに」

っていう顔をしていた。

「ソフトレンズだからすごく快適だし、日本ではこれが当たり前なんだよ」

って言いたかったけど、コンタクトをつけ終わった瞬間、車の中に連れ込まれて出発しちゃった。どっちにしてもベンガル語で言えなかったから、しょうがないかな。そもそもバングラの子どもたちには「目が悪いと視界がボヤける」っていうことが理解できなさそう。

ネトロコナの宿舎から遠ざかるにつれて、空気が段々煙たくなってきて、いろんな匂いが混ざってきた。

街に入るとすぐに四方八方から無意味なクラクションが鳴り響く渋滞に巻き込まれる。そうなると、物乞いの人、興味半分の人、ジュースを売っている人、たくさんの人が私たちの車の窓に近寄ってくる。

外の空気が悪いのもあって窓を開けたくないのに、クーラーが故障中だからしょうがなく窓全開。もうこうなると、寝てるふりしていろんな人の視線から逃げるしかない。（笑）

途中で車が事故って待たされた。事故って言ってもそこら辺に止まっていたどこかのおじさんの車に、私たちの車がかすちゃっただけなんだけどね。

でも車の事故ってバングラでは珍しくないみたい。よくテレビで見るインドと似ていて、車線は引かれていないし信号もない。とにかくみんな走りたいところを走っている。運転するときのルールっていうのが無いのかな。そういえば前にスタッフさんに、

「なんで信号をつくんないの？」

って聞いたら、

「作ってもすぐ停電するから意味ないんだよねー」

って言われた。

確かに信号が点いたり消えたりしたら余計に混乱しそう。電気をちゃんと整備するところから始めないといけないんだろうな。それを聞いた恭子さんが、

「教育のほうが大事だけど！」

って突っ込んでいたけど。

私たちの車が引き起こした事故に気がついた周りの知らないおじさんたちが数十人、車の周りに群がってきてた。さすがにこの時だけはヘモントさん、「オシュビダナイ（問題ない）」とは言わずに揉めごとの中に入っていった。それでなかなか出発できそうもないから、スタッフのニコデモさんが気遣ってバナナとかクッキーを買ってきてくれた。でもバナナが熟れていなくってコリコリしていた。そのコリコリ具合に妙にはまってしまった私は、食べ過ぎた結果、あとでお腹が痛くなった。（笑）

私がバナナを食べているあいだみんなは、ミスター・エナジーっていうクッキーを食べていた。変な名前をしているけど、このクッキーの味は最高。（笑）

それにしてもベンガル人って他人の揉めごとに首をつっこむのが好きなんだね。あたかも自分の車が傷ついたかのように抗議してくる。数分経ったあと、話し合いの人だかりから出てきたヘモントさんが、

「オシュビダナイ」

ってやっと言ってくれた。ちなみに事故を起こしたのはこのレンタカーを運転しているバイトの運転手さん。ヘモントさんは助手席に座っていただけで何も悪くない。

今回は、事故っていってもそんなにひどいものじゃなかったから謝るだけで済んだ。重大な事故じゃなくて良かった。

それでプーバイルに戻ったのが、4時半。出発したのが朝の9時だったから、まともなご飯をまだ食べていなかった。そうしたらスタッフさんが残っていたお昼ご飯を出してくれて、5時にやっとお昼を食べることができた。

そのあとは8時まで自由時間だった。Bチームの乙さんに、

「のえみーが無事にプーバイルに戻って来れるか心配だった！」

って言われたけど、蚊にたくさん刺されてかゆかったこと以外、何も問題なかっ

た。（笑）

それと、

「日に焼けてよかったね」

っていろんな人に言われて、残りの一週間どうしたらこれ以上、日に焼けないかずっと考えていた。暑すぎて日焼け止め塗っていられないし、諦めるしかないのかな。もう夏休みも終わるし、少しぐらい焼けてもいいか。その方が、

「バングラに行ってきました」

っていう雰囲気がでるし。バングラに行ったのに白い肌のまま日本に帰ってきたら変だもんね。（笑）

夜ご飯の時間まで時間があったからスタッフさんが近くの動物園に連れて行ってくれた。

「歩いて行ける範囲内に動物園なんてあるの？」

って思ったけど本当に動物園があった。ライオンやゾウとか、飼育するのが大変な動物はさすがにいなかったけど、檻の中にそれなりの動物がいた。ただ、空の檻がところどころにあったり、カエルをくわえた鶏が他の鶏に追われていたり、猿が脱走していたりして、

サルを見ているんじゃなくて、脱走したサルに見られている……

「ん？」

とはなったけど。（笑）ヘビもいたらしいんだけど、脱走されたら嫌だから見に行かなかった。

動物園に来るバングラデシュ人って裕福な人が多いみたい。どの人も綺麗な服装をしている。そういえばバングラではどんなにお金持ちでも、地域に貢献しないと尊敬されないっていう話をどこかで聞いた。実際、裕福な地主さんが学校建設のために土地を貸してくれるみたいだからそうなんだろうな。「お金をどれだけ持っているか」が大事なんじゃないっていうことが伝わってくる。

夜ごはんのあとは、Ａチーム、Ｂチーム、Ｃチームをシャッフルして３つに分けて、それぞれが行った場所での経験についてシェアリングをした。

やっぱりみんなにとって特に印象に残っていたのは、

「人と人との関わり」

「子どもたちの勉強に対する真摯(しんし)な姿」

だった。この２つは本当にすごく印象的で私も毎日のように考えさせられた。


「人と人との関わり」

まず、スタッフさんの優しさがすごすぎる。いつも私たちのことを考えてくれていて、いつも最善のことをしようとしてくれる。労力を惜しまずに接してくれている。

次にスタッアのメンバーの存在。みんながいるから、不便な生活も楽しく過ごせているし、何か辛いことがあっても笑っていられる。一人でこの国に来ていたらきっと、辛すぎて前を向いていられなかったと思う。

それと子どもたちの存在。いつも笑顔で学校に出迎えてくれたり、宿舎に遊びに来てくれたり、名前を呼んでくれたり。子どもたちといると自然とこっちまで笑顔になれた。物を介さずに人と直接関わることで、いろんな人と深く関われた。最後に、どう人と接するべきなのか。特に子どもたちに対してなんだけど、むやみやたらに優しくしなくていいんだなって。優しくしすぎると、なめられたりするから、厳しくするところはちゃんと厳しくするのが一番の優しさなんだって学んだ。

「子どもたちの勉強に対する真摯な姿」

子どもたちはいつも積極的に勉強していて、「勉強楽しい！」って心から思っているような表情をしていた。「勉強ができる」っていうことにも感謝をしていて、私たち日本人が忘れている「勉強ができることへの有難み」を思い出させてくれた。

私たちは、自分たちが置かれている学習環境を当たり前だと思い込んでいた。だから授業中寝たり、遅刻したり、サボったりしていた。そして勉強をしない言い訳ばかりを考えていた。でも私たちは言い訳ができるような立場にいなかった。言い訳が許されるとしたら、それはバングラの子どもたちであって、私たちではない。でもバングラの子どもたちは自分が置かれている環境に文句の一つも言わずに真剣に勉強をしていた。こんなに与えられている私たちが勉強から逃げてい

いはずがなかった。これからは自分たちがすごく恵まれていることを心に留めながら、バングラの子どもたちを見習って勉強していかないといけない。

これはみんなが感じていたことなんじゃないかな。

あと、プーバイル（首都ダッカ近郊の街）に戻ってきて感じたこと。ネトロコナは空気が澄んでいて、田んぼがたくさんあって、ヤギとか牛が道で寝ていてのんびりしていた。でもダッカの街に入ると、排気ガスが蔓延（まんえん）していて人が忙（せわ）しく動いている。

地方には、学校に通えない子どもたちがたくさんいて、1日の食事はお茶碗1杯のご飯とその上にのせた少しのキュウリと塩だけの日雇い労働の人たちが大勢いる。一方の都市部では、最新の電気製品を使いこなしながら「デジタル・バングラデシュ」の政策を唱える人たち、ピカピカに磨かれた車で舗装された道路を走る車、綺麗な刺繍がたくさんほどこされたサロワカを身にまとって街の中を歩く女の子たちがいる。でもその中にボロボロの服を着て外国人にお金をねだる物乞いの子もいる。都市にはすごく裕福な人もいれば、すごく貧しい人もいる。

先進国に追いつくのも大事かもしれない。でもそれは、国民全員が先進国に追いついたときに本当に意味を成すんだと思う。ほんの少ししかいない「お金持ち」だけが前に進んでいっても意味がないと思う。

バングラって小さな地球みたい。「どこからそんなにお金がでてくるのって思わせるような人」がほんの少しだけいて、「お金に困ってはいないよっていう人」が少しいて、「生活がちょっと苦しいっていう人たち」もいて、「今日のご飯を用意するのもひと苦労っていう人たち」が大勢いて、「今日寝るところがないって言う人たち」も大勢いる。比率もかなりこの地球のものと似ているんじゃないかな。

こう考えると、先進国はさらに発展することよりも、全ての国々が同じラインに立てるようにすることに力をいれるべきだと思う。資本主義もそろそろ行き詰ってきているらしいし。お金がすべてではないんだから、世界中の人が住みやすい地球をみんなで目指していけるようになればいいのに。

だんだん眠くなってきたから寝よう。（笑）

おやすみー。

# 10日目： 学びたい子どもたちと学ばないといけない子どもたち

今日の朝ごはんは、久しぶりに32人みんなで食べた。食べ終わったあとは、スラム地区にある小学校を2校訪問した。

一校目は墓地の中にある学校だった。バングラのお墓ってカラフルで可愛かったけど、毎日墓地を通り抜けて授業を受けに行くのってどんな気持ちなんだろう。楽しいはずがないよね。でも学校が好きな子が多いから、授業が楽しみっていう気持ちの方が勝つのかな。

校舎の造りは、トタン板を張り合わせたような感じだった。3匹の子ブタのオオカミが一息吹いたら飛んでいっちゃいそうな造り。実はちゃんとした建物を造れない理由があるらしい。この墓地の中にあるスラムは違法侵入によるもので、数十年に1回ブルドーザーが通って、本当にオオカミが子ブタの家を壊すみたいに、全部壊していっちゃうから、簡単なものしか造れないんだって。

ここの学校の子どもたちはみんな制服を着ていた！　ネトロコナではみんな私服だったのにプーバイルは何で制服なんだろうって思ってスタッフさんに聞いてみたら、意外な答えが返ってきた。汚い服を着て街を歩くと連れ去られちゃうのと、学校にはちゃんとした服装で行ってほしいっていう親の願いがあるらしい。学校は大事な場所っていう意識があるんだろうな。制服がそんな重要な役を担っているって意外。

日本にいる私たちは、制服をいかに着崩すかばかり考えているのに。スカート丈は短くないと嫌とか。（笑）

あと、ネトロコナの田舎の子どもたちはペン一本とノート一冊と教科書数冊しか持っていなかったけど、スラムの子どもたちの中にはふで箱とかバッグを持っている子もいた。ドラえもんのふで箱を持っている子に、

「誰かに買ってもらったの？」

って聞いてみたら、

「お父さんが買ってくれた！」

って教えてくれた。これを聞いて思ったのが、「街を歩けば裕福な人とすれ違う都市部では、農村と比べて教育が浸透しているのかな」っていうこと。あくまでも私の推測だけど、高等教育を受けた人を日常の中で見ることによって、親世代が教育の大事さに気がつくんじゃないかなって思った。そうやって親が勉強に対して積極的に関わってくれるようになって、教育が広まっていくのかな。

実際、スラムの中にあるこの学校はすごく優秀で、政府が実施している試験で最優秀者を出したんだって。ＢＤＰのモデル校にも指定されているらしい。先

生たちがすごく意欲的で教え方を工夫してたりと色んなことに挑戦しているみたい。実際に授業を見学して、たしかに熱気が伝わってきた。先生は本当に楽しそうで、でも真剣で、子どもたちは先生に応えるような真剣な目つきで、積極的に授業を受けていた。誰もが楽しそうだったなー。

2つ目の学校はコンクリートでできているビルの1階にあったんだけど、すごく小さかった。廊下は人がぶつからずにすれ違うのは難しいくらいの狭さだし、教室はぎゅうぎゅうで机がところ狭しと並んでいて通路がほとんどない。先生に当てられて黒板の前に出るとき、子どもたちが机の下をくぐっていて、この狭さに私たちの方が戸惑っていた。

そんな状況の中でも子どもたちは真剣だった。日本の広々とした学校を見たらどんなことを感じるのかな。狭いなかでも先生はちょっとした実験（水とか蝋燭(ろうそく)を使った単純なもの）をしたりして工夫していた。

今までに訪問した学校でも、今日訪れた2つの学校でも、先生・生徒の両側からやる気と熱意がすごく伝わってきた。先生たちを見て、自分の仕事をここまで誇りにして情熱を注いでいる先生って日本にはどれくらいいるんだろうって思った。私が今までに出会ってきた先生がたは同じように誇りと情熱をもっていると思う。けれども、ニュースとか最近の小中高等学校で起きている事件とかを考えると、自分の仕事に自信をもっている先生って少ない気がする。モンスターペアレンツとかも関係しているのかな。でも子どもたちにも原因はあるのかも。先生のことを敬わなくなってきている気がするし……これは私にも言えることかもしれないけど。

でも生徒がいきなり先生に失礼な態度をとるようになるはずもなくて、きっとそれは先生にも何らかの問題があるんだと思う。でもそうすると先生にもまたそうなった理由があるはずで……。

何が、どこで、どう変わってこうなっちゃったんだろう？

話が行き過ぎた。（笑）

バングラの先生たちの熱心さにすごく感動したけれど、子どもたちにはもっと感動させられた。

どこかの学校を訪問したとき、

「好きな科目は？」

って聞いたら

「英語！！！」

って答えてくれて、

「苦手な科目は？」

って聞いたら、

「英語！！！」

ってほとんどの子が答えたのがすごく記憶に残っている。

この時、恭子さんと笑いながら、

「ここの子たちは、苦手なものは嫌い！ってなるんじゃなくて、苦手なものが好きなんだね（笑）」

って話したけど本当にそうなんだな。バングラの子どもたちって、勉強に上限をつくっていない気がする。

私たちは、

「テストで○○点取ればいいや」とか、

「赤点じゃなければいいよ」

とか言ってすぐに上限を作ってしまっているんじゃないかな。実際私も中学の時なんか、

「親に怒られない程度の点なら」

って言ってテスト勉強をしていなかったし。

でもバングラの子どもたちは、いつも、

「もっと勉強したい！」

ってずっと上を見ている気がする。

バングラの子たちが「学びたい子どもたち」だとすると、私たちは「学ばないといけない子どもたち」になるのかな。

これは勉強だけじゃなくって、自分たちの描く夢でもかなり共通しているかも。将来の夢についても上限を作ってしまっているんじゃないかな。何が自分に向いているのか分からなかったり、気になるものがあっても、その道に進むのが大変だったり、興味を持てなかったり、将来が不安で今決める気になれなかったり、今の事で精一杯だったり。誰だって自分の将来に多少なりの不安は抱えていると思う。しかも日本みたいな先進国だと十代の子どもに与えられている自由が多い分、悩みも多い気がする。やらないといけないこと、やりたいこと、決めなければいけないこと、全部を上手くやりくりすることで必死で、未来のことはちゃんと考えられない気がする。考えたところで現実との差に愕然として落ち込むだけだし……。
また話逸れた。（笑）
でも、日本の高校生が自分の夢を追いかけにくいっていうのは、それぞれの理由があると思うけど、事実だと思う。
バングラデシュの子どもたちは、いつもを胸を張って自分の夢を教えてくれた。医者とか教師になりたいって。中高生ぐらいの子も同じように答えてくれた。実際にその道に進める可能性は限りなく少ないはずの子たちばかりなのに。それなのにどうしてあんなにまっすぐに夢を追い続けられるんだろう。私たちのほうが断然夢への扉は開かれているのに。何が違うんだろう。

帰りの車ではドライバーのニキルさんが車の中に溜めておいていたお菓子の封を開けまくった。初めてバングラのスナックを食べて、あまりにも美味しくって止まらなかった。（笑）　そうしたらニキルさんがいきなり車を止めて出て行ったかと思うと、人数分のアイスを買ってきてくれた！　バングラのアイスって甘くて美味しい。欧米のアイスとよく似ている。っていうより輸入しているのかな？
それにしてもスタッフさんたち本当にみんな優しい。めっちゃイケメン。（笑）

午後はバザールに行って色んなものを買った！　でもほとんどがお菓子。さっき「ニキルカー」で食べたお菓子をいっぱい買いこんだ。日本でもベンガルスナックを食べられるように。（笑）

色んなお店を転々と回りながら、市街地に住むバングラデシュ人の「日常」が少しだけ見れた。買いたいものをすべて買い終えて、他のメンバーの買い物を待っている間、鶏が売られていく瞬間をついに目にしてしまった。

「バザールって面白いね！」

って高校生メンバーで話していたら、鶏の入ったカゴを指差しながら話している男性二人組がいたから、

「もしや、あれは……」

ってみんなでじっと眺めていたら、男性が鶏をカゴから取り出し、まな板らしきものに乗せ、刃物でスパン！　その瞬間みんなで、

「すごいね……」

「ここでそうしちゃうかー」

ってフリーズ。まさかここで、この瞬間に、鶏の最期を見送ることになるとは

誰も想像していなかった。たとえ遠目に見たとしても、命をいただくところを見れたのは良かったと思う。日本のスーパーで売っているお肉はこうやって、生き物から食肉になっていたんだね。この経験によって食べ物に対する感謝が生まれた気がする。鶏だろうと、豚、牛だろうと命を大切にして、感謝をしながら頂かないといけないと思った。

雨が酷（ひど）くてバザールでは移動が大変だった。特に買い物が終わってから、車を止めてあるところまで戻るのが大変だった。排水溝がちゃんと整備されていないから、道がすぐに浸水する。足首ぐらいまで水が溜まっているところがあったんだけど、

「近道だから！」

ってスタッフさんに言われて、そこを歩いた。毎日のようにスコール（一瞬の豪雨）が降っているから、毎日のように浸水しているのかな。そのあと、ゴミ溜めの川の上に板が一枚架けられているだけの橋を渡った。その時、恭子さんがびびりまくっていて面白かった。落ちるのは絶対に嫌だけど渡るのは楽しかった。（笑）

そういえばバングラで出会った先生たちって、本当に活き活きとしていて、誰もが、「私がこの子たちに〝学び〟を教えている！」っていう表情をしている。でもＢＤＰで教えている先生のお給料って、公立の学校の先生には到底及ばない額ら

しい。それでスタッフさんに、

「ＢＤＰの先生はボランティア同然のお給料で、どうしてそんな熱心に、楽しそうに、幸せそうに、心を込めて子どもたちに教えていられるんですか？」

って聞いてみた。そうしたら昔はまったく違ったって。ＢＤＰでは基本的に女性の先生を採用しているけど、昔は日本人が来るとどの先生も柱に隠れたり、服で顔を隠していたりしていたらしい。女性が家から出て働くことがあまり良く思われていなくって、人前に簡単に出れるような空気じゃなかったみたい。でも徐々に村の人たちが女性の先生たちを頼るようになってきて、

「この薬どうやって飲むの？」

とか、

「お金借りたいときって、どうすればいいの？」

っていう感じで、ありとあらゆることを相談するようになった。そうすると今までは嫁姑問題で毎日悩んでいたのが、村の人たちに頼られるようになって先生たちに自信ができた。家の中でも発言権ができて、女性の地位が上がり始めたんだって。きっとこうやって女性の地位が向上していったことが、先生たちのやる気に繋がっているんだろうなって思う。「私たちがこの子どもたちの将来を変

えている」っていう使命感にも。そういう意識を持っている先生に勉強を教えてもらえる子どもは幸せだなって思った。

# 11日目：バングラと比べて50倍幸せですか?

午前中は、朝ごはんを食べて少しゆっくりしたあと、『聖母と幼子の教会』にドミニク神父さんのお話を聞きに行った。お話の内容は、バングラでのキリスト教徒について。バングラではイスラム教徒が大多数を占めていて、宗教間で血生臭い事件も起きたみたい。これって日本では考えられないことだよね。だってバングラで日本人の私たちが、

「No religion」（無宗教です）

って言うと怪訝（けげん）な顔をされる。日本以外の国では宗教が生活の大部分を占めていることが多いから、私たち日本人の宗教観はきっと異質なものとして映るんだろうな。宗教間でいろいろと問題があったって書いたけど、個々人の間では宗教によって対立することはあまりないみたい。集団になると問題が起きたりするのかな。実際、ＢＤＰのスタッフさんの中でもいろんな宗教の人がいるけどお互いに助け合って仲良くやっているし。

あと、少数民族の子どもたちの教育支援もしているらしくってその話もしてくれた。バングラって少数民族がけっこう多いみたい。ＢＤＰのスタッフさんのロチョンさんもガロ族っていう民族の人で、他の人と顔つきがちょっと違う。モンゴルの方の民族だからわりと日本人に近い感じ。

でも一番印象に残っているのは、お話をしてくれたドミニク神父さんには申し訳ないけど、教会がパステルカラーで可愛かったこと。（笑） バラのお花とかもあって、

「え、バングラ？」

って思っちゃうくらい今まで見てきたバングラの風景とはひと味違った。お話のあとは、まだ10時ぐらいだったけど、おやつにジャンスカティン（バングラ風焼きそば）をフォークでいただいた。美味しかった！

食べ終わったあとは宿舎に戻ってお昼まで休憩。それでお昼のあともまた休憩。本当に休憩しかしていない気がする。

長い長い休憩時間が終わったあとは、カルチャー・ショーのためにバシャニヤ小学校に移動。カルチャーショーっていうのは、バングラの子どもたちとスタッアのメンバーとでお互いの国の歌とかダンスを紹介しあうもの。音響設備もしっかりしていて、迫力のある演出ができる。

Aチームからは、トトロの『散歩』を変な振り付けで踊る「アルク（歩く）ソング」、それから「エタキ（ベンガル語で、これ何？）」っていう動物の尻尾からその動物名を当てるクイズをやった。Bチームは『一世風靡（いっせいふうび）』と『恋するフォー

チュンクッキー』を踊った。Cチームからは『ソーラン節』。これ以外にも個人技で空手、バレエ、ダンス（マイケルジャクソン！）、バトンをやった。

バングラの子どもたちも可愛い伝統衣装を身にまとって、メイクもして、歌かダンスを見せてくれた。私の後ろの席にいた、メイクをしてもらってキラキラの服を着た女の子が可愛すぎて、ずっとその子のお母さんに、

「シュンドール！（可愛い！）」

って言い続けていた。

毎年スタツアに同行している儀子さんに、

「こんなにカルチャーショーらしいカルチャーショーは初めて！」

って褒められた。日本人の発表が例年よりもしっかりしていたんだって。バラエティー豊かで。褒められると嬉しくなる。（笑）

カルチャーショーのあとは宿舎に戻って夜ごはん。バングラでの生活にも大分慣れてかなり快適になってきた。もっと長くここにいたい。

でもシェアリングのあと、部屋の入り口のドアの横に張り付いていた蜘蛛(くも)を見つけたときは、

「やっぱり早く日本に帰りたい！　もう無理！」

って一瞬思った。直径15センチ以上、7本足の蜘蛛がでたらさすがに帰りたくなる。7本足っていうのは、発見と同時に逃げ出したから自分で見たわけじゃないんだけど、あとからメンバーが教えてくれた。スタッフさんとメンバーが蜘蛛を入り口から遠ざけてくれたから、部屋に逃げ込んで中に引きこもった。（笑）バングラ大好きだけど蜘蛛だけは本当に無理。

そういえばバングラに着いた翌日のアルバートさんの質問。

Are you on an average 50times happier?

——あなたはバングラデシュの人と比べて50倍幸せですか？

もうバングラでの生活も残りわずかだし、一回ちゃんと考えてみようかな。

それにしてもアルバートさんの質問、難しいな。バングラデシュに着いてすぐの私は、

「日本は仕事ばかりで、家族と過ごす時間が少なかったりするから、日本人の方が『50倍幸せ』ということはないだろうな」

って考えていた。今もあの時の気持ちに変化はない。けれども、世界で起きていること、日本での私について考えてみると、「幸せ」が何なのかよく分からな

くなってくる。

日本での私は毎日が忙しくて、いつも時間ばかりを気にしていて、24時間ずっと急いでいる気がする。毎日たくさんのやることに追われて、寝る前は、「これも終わってない！」って考えながら眠りにつく。寝不足もどんどん溜まっていく。新しい服を買っても、可愛い服が次から次へと売り出されていて、心も、お財布も、満たされることがない。

でも世界には、今日も不安と苦しみの中で生きている人々がいる。学校に行きたくても、「お金がないから」とか、「女の子だから」っていう理由で、働き、結婚していく子どもたち。そんな子たちの目には、私は「幸せ」に映るのかな。平和な日本では、学びたいだけ学べて、自分の未来を自分で決めることができる。これを「幸せではない」って言う人はいないと思う。

それなのに私たちは、ストレスを抱え込み、嫌なことから逃げようとする。「こんな世界の中で生きている意味なんかない」って思ってしまうことすらある。世界には、私たちとは比べようがないぐらい辛い現実にあっても、今日もたくましく生きている人たちがたくさんいるのに。

私たちは、世界の中で「ほんの一握りしかいない」裕福な人たちだと思う。そんな私たちは、自分より多くの物を持っている人を羨ましがり、「一握り」の中で、さらにてっぺんを目指そうとする。この地球は、私たちが所有している「世界の財産」を一緒に分け合って支え合いながら生きていくべきところなのに。


「お金」

「地位」

「名誉」


こんなものを全部、頭の中から消し去ってしまうことが出来たら……。

自分に無いものばかりを数えるのをやめることが出来たら……。

そうすれば、常に満たされることがなく、周囲の人を蹴落(けお)とさなければならない生活から、きっと抜け出せることを知っているのに……。

それでも私たちは、中身が空っぽな儚(はかな)い幸福に執着する。どうして私たちは、更なる「幸せ」のために、更なる「お金」を得ようとするのかな。本当の幸せはもっと違う「どこか」にあるはずなのに。

今の私には、それがどこにあるのかまだ良く分からない。けれども、この国

に来て確実にわかったことが一つある。それは、すごく当たり前で普通のことかもしれないけれども、逆に見落としやすい、すごく、すごく大事で大切なことのような気がする。

子どもたちの純粋な笑顔はどこに行っても、キラキラしている。子どもたちの無邪気な心は、澄んでいて綺麗な色をしている。

残りの数日かけてもっと考えを深めていかないと！

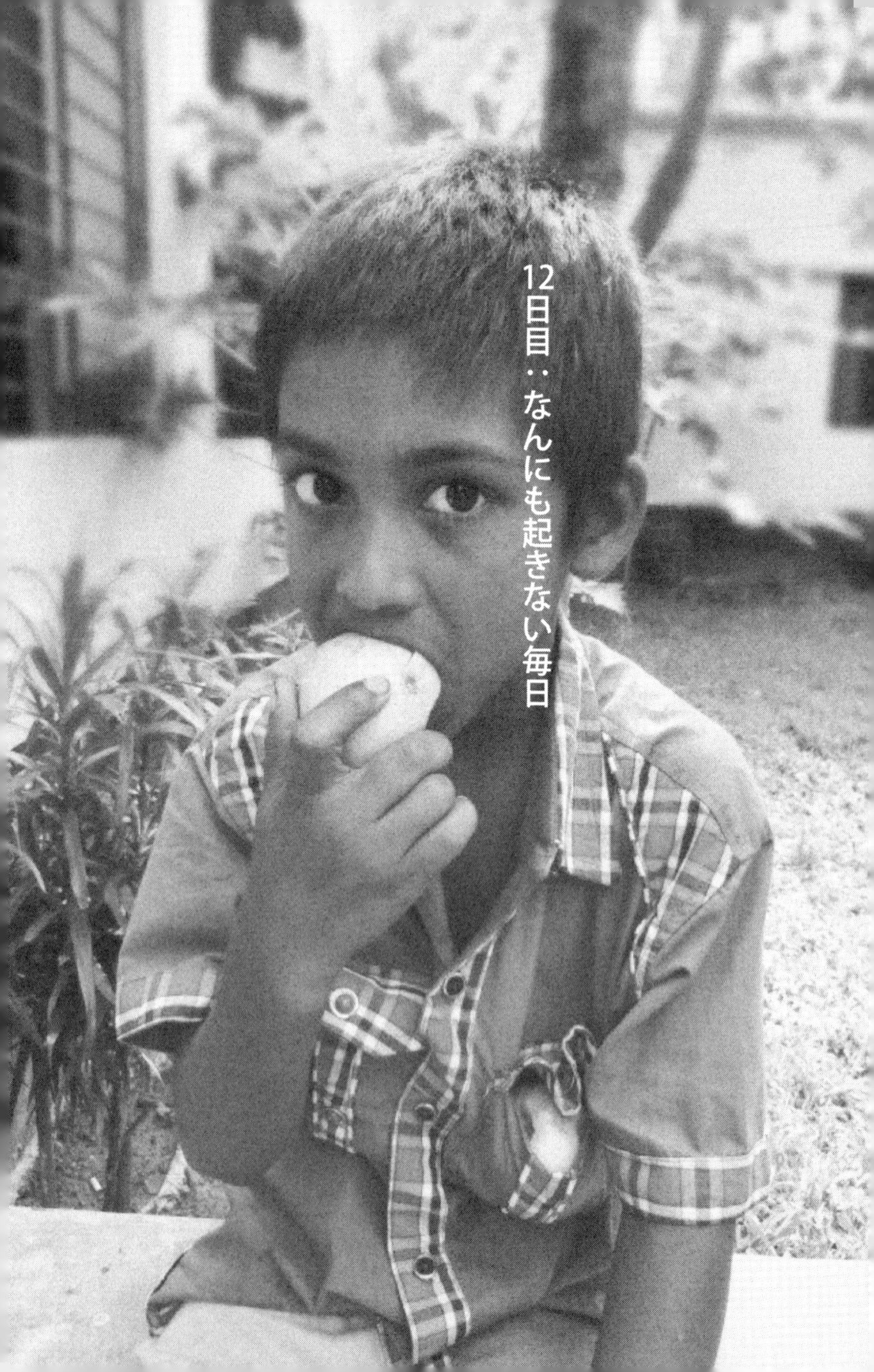

# 12日目：なんにも起きない毎日

午前中はダッカ市内にある国立独立記念博物館に行った。バングラの歴史、宗教、民族、家具、農具、近代画、動物、植物についていろいろと展示されていた。ケミと一緒に回ったんだけど、2人とも時計を持っていなくて、

「集合時間に間に合わなくなる！」

って途中から急いで回ったら1時間ぐらい早く出てきちゃった。2人でいつも夜遅くまで起きていて寝不足気味だから、入り口のソファで寝ていた。宿舎の薄いマット一枚のベッドよりもよっぽど寝心地が良かった。（笑）

かなり急いで回ったから見落としたところも多いと思うけど色んな発見があった。例えば、バングラの川の下流域では海からサメが上ってくることがあるっていうこと。今回のスタツアでは海に近いところには行っていないけど、もし今後海の近くに行くことがあれば近寄らないようにしようって思った。1971年に起きたバングラの独立戦争についても学んだ。日本ではあまりにもエグいものは展示しないけど、ここの博物館には逆にそういうものしかなかったから驚いた。生々しい写真、身元の分からない戦死者の頭蓋骨。どの展示物も戦争の生々しさを物語っていた。

私たち日本の高校生は戦争を体験したことがないから、第二次世界大戦を生き

抜いた人の話、博物館での展示、遠い国で現在進行形で起きている戦いのニュースを通してしか戦争の悲惨さを知ることができない。今の私たちの生活は戦争で奪われたたくさんの人たちの命の上に成り立っている。だから私たちはこれ以上の犠牲を出さないために、自分がどれだけ恵まれているのかをちゃんと認識しないといけないと思った。

日本の高校生の私は朝7時に叩き起こされて、顔を洗って、髪を巻いて、朝ごはんを食べて、制服を着て、駅まで歩いて、電車から降りたら学校まで歩いて、授業を受けて、友達と笑いながらお弁当を食べて、お昼寝をしたい気持ちを堪え（こら）ながら残りの授業を受けて、友達とお喋りしながら家に帰って、塾の宿題を焦りながら終わらせて、日曜日の予定を考えつつ塾の授業を受けて、家に帰ってご飯を食べて、お風呂に入って、スマホをいじって、ベッドの中にもぐりこんで、電気を消して今日という1日を終わらせる。これを毎日のように繰り返す。中高一貫校で、もう4年目に突入したこの生活に私は飽きを感じ始め、うんざりしていた。でもこんな何も起きない日々を送ることができるのは、私が恵まれた環境にいるからなんだなってバングラに来て思った。「明日も平凡な一日が私を待ち受けている」って考えながら眠りにつけることってすごく恵まれているんだね。世界中には、明日がちゃんと来るのか分からずに不安の中で夜を過ごす人が大勢いるのに。

平和であること。これが一番の幸せなのかな。恐怖に怯（おび）えることなく、のびのびと1日を過ごせること。これだけで十分幸せなはずなんだよね。どうして今まで気がつかなかったんだろう。物で溢れかえっている生活をしていたから、「幸せ」が「たくさんの物」の中に埋もれてしまっていたのかな。昨日考えていたアルバートさんからの質問、私の答えはこれかな。

日本人がベンガル人より50倍幸せかどうかは人それぞれ。その人が今、自分の置かれている環境を「平和」と心から思うことができるかっていうことによるから。自分が「平和」な日々を生きているから今の自分がいるっていうことを知った人は誰よりも幸せだと思う。

午後はオモルさんの建設中のお宅にお邪魔（じゃま）させてもらった。すごく広かった！ジャンスカティン、ジャンブラー（グレープフルーツみたいなもの）、バナナ、チャーをご馳走になった。多分ここのジャンブラーが一番美味しいと思う。(笑)おやつを食べ終わったあとは屋上に上がった。オモルさんの息子さんがダンスを踊ってくれた。そうしたら途中からまりぴーさんも参戦して面白かった。屋上からの眺めは木々しか見えなくって大自然の中っていう感じがして爽やかだった。あとショコラさんとシェリーさんがいつも一眼を構えているのを見て、私も欲しくなった。一眼レフってかっこいい！

宿舎に戻って夜ごはんを食べてから、最後のシェアリングをした。明日はラップアップミーティングっていってBDPのスタッフさんを含めて全員で話し合いをするらしい。今日のシェアリングでボンちゃんが戦争は良くないって言っていたけど本当にその通りだなって思った。この地球から戦争がなくなる日が来ますように。

それにしても今めっちゃ幸せ。あと一日しかないとか考えられない。こんなに居心地がいいの初めて！　みんなと別れたくないなー。スタツアに参加して本当に良かった。

っていうことでこの2週間を軽くまとめたものを明日のラップアップミーティングで話すからここにもその文章を書いとく。

私たちは、綺麗な教室で学び、理科の実験や調理実習ができます。しかし、バングラデシュの小学校を訪問して、このようなことはとても恵まれていることだと感じました。放課後は何不自由ないけれど、変化のない生活を送っています。しかし私たちのようにこのような生活を送れる人たちは、世界でほんの少数の人なんだと気がつかされました。

私を含め、日本の学生の多くは、「ここまで勉強すればいい」と上限を作ってしまいます。しかしバングラの子どもたちは「もっと勉強したい」といつでもやる気に満ち溢れていました。

バングラの子どもたちの中で高等教育を受けられるのは少数ですが、誰もが「医者や先生になりたい」と胸を張って夢を語ってくれました。日本は、夢への道がバングラデシュより遥（はる）かに拓（ひら）かれているのにも関わらず、小さい夢ばかりを見てしまいます。私たち日本人は毎日の生活に上限を作りがちです。

しかしバングラの子どもたちは、物で溢れかえっている環境で暮らす私たちに「勉強ができる喜び」そして「明日への意欲」というバトンを渡してくれました。日本に帰ったら、私たちはこのバトンをたくさんの人に渡していきたいです。

# 13日目：ボランティアの優しさと勝手さ

バングラで過ごす最後の一日！　あー、悲しすぎる……まだ居たい。まだ帰りたくない。だってまだ2週間しか過ごしていないんだよ、ここで。スタッフさんともっといろんな話をしたい。子どもたちともっと遊びたい。冷たいシャワーだってまだ浴びていたい。本当に毎日が楽しくって、新しいことで溢れている。

朝ごはんのあとは、急ぎめに出発して教会に行ったけど、ベンガル語だったから、何を言っているのか分からなくって、何回も目を閉じちゃいそうになった。ここの教会もやっぱり淡い色合いをしていて可愛かった。

このあとは職業訓練校に行った。職業訓練校は、小学校でドロップアウトしてしまった子どもたちのために１９９９年に建てられたんだって。貧困によって導かれる諍い、犯罪、不健康などを防ぐために。ＢＤＰの小学校と同じく、授業は無償で行われているらしい。パソコン、エンジン、電気と裁縫の４クラスがあって、パソコンクラスではMicrosoft OfficeやPhotoshopの使い方、エンジンクラスでは車やバイクなどの仕組み、電気クラスでは電気回路とかコイルについて学んでいた。もう一クラスは違う場所にあって、そこでは小学校５・６年生の女の子とお母さん世代の人たちがお裁縫を教わっている。

生徒は10代後半から30歳ぐらいまでいた。みんな真剣に授業を受けていて、先生のことをすごく敬っていた。授業も、本物のエンジンとか電気の回線やコイルを使っていて、すごく本格的でびっくりした。パソコンクラスではノートパソコンを使っていた。昔はデスクトップパソコンを数人で一台使っていたんだって。でもデスクトップだと停電する度に電源が落ち、故障しちゃうからノートパソコンに変わったみたい。それでやっと最近、寄付によってパソコンが揃いつつあるらしい。

電気クラスの生徒の中に、ＢＤＰの小学校の卒業生がいたから少し話を聞いてみた。

学校で辛かったことといえば、Feeder class（プレ一年生）のとき授業が木の下で行われていたことぐらいかな。先生が優しくしてくれたし、楽しく学校に行けた。小学生のときに日本人（当時のスタツア参加者）に折り紙をもらったことが印象に残っている。

貧しい子どもたちがＢＤＰスクールに入ることによって将来を切り拓いている。ＢＤＰの学校が建てられていなかったら、夢を追い続けられない子がたくさんいた。ＢＤＰのおかげで自分は今でも夢を追うことができる。

卒業生の子の意見を直接聞いて、ＡＣＥＦとＢＤＰの活動がこうやって実を結んでいっているんだなって感じた。この男の子の話を聞けてよかった。

職業訓練校の帰りはディコさんのバイクの後ろに乗せてもらった。初めてバイクに乗ったけどすごく気持ちいい！　大きな道路は走らずに、土の道ばかりだったし、かなりの安全運転だったから安心して乗れた。日本では恐くて多分乗れない。（笑）

お昼を食べてお昼寝をしたあとはアーロンっていう、ＮＧＯが運営しているデパートに行った。日本の三越をギュっと小さくした感じの作り。パールのブレスレットとか本皮製品とかの高級品が安く買えて幸せだった。店内を回る時間が1時間半しかなかったのが残念だったけど。（笑）
ちなみにここはバングラの富裕層の人たちも来るところで、店内で見かけるバングラデシュ人は誰もが高そうな服を着ていた。貧富の差が大きいって聞いていたけど本当にそうなんだな。ちゃんと両方の側を知らないとバングラについて知ったことにはならないね。あとアーロンの一番のポイントは、トイレが水洗トイレっていうところ！　これ本当に大事。「バングラで清潔な水洗トイレ」これほどすごいことってない。（笑）

帰り道は助手席が空いていたから座らせてもらって、いつもとはちょっと違うドライブを楽しめた。スレスレの距離を走る車を間近で見れて面白かった。ただ助手席の窓は常に全開で、横から排気ガスが思いっきり入ってくるから大分空気が悪かった。宿舎に戻ってからウエットティッシュで顔を拭いてみたら真っ黒だった。助手席にはもう乗らないと思う。（笑）

いつもより豪華な夜ごはんを食べたあと、みんなで集まってラップアップミーティングをした。

まりぴーさんの話がすごく印象に残っている。

毎日洗濯を手伝ってくれていた女の子に、

「服を洗うの手伝ったからペンちょうだい」

って言われた。そう言われてショックを受けながらも、まりぴーさんが導いた結論は、

「まず子どもたちに、日本人は物をくれる人たちちっていう印象を私たちが与えてしまったのであれば、それは反省しなければいけない。なぜなら私たちの行動ひとつで、来年新しく来るスタツアのメンバーの印象をも決めてしまうから。また、ここでペンをあげてしまうと、その子を物乞いにしてしまうことになる。あげることによって私たちは満足するかもしれないけれども、それは上の立場からした行動による快感であって、意味のないことだと思う。本当にいい関係を築きたいのであれば、多少の辛さがあっても、厳しく接するべきだと感じた。」

ボランティアってどこか偽善っぽい感じがして今までまったく興味がなかったし、ボランティアについて深く考えたことなんてなかったけど、この話を聞いてすごく考えさせられた。

ボランティアって一歩間違えると本当に偽善になってしまうと思う。自分が良いと思うことを無理矢理押し付けても何の意味もないんだよね。相手が必要としているものをしっかりと理解するのがまず必要。お金や物だけを渡せばいいっていう考え方は間違っていると思う。相手のニーズに合ったものを、相手と同じ目線に立って、お互いに教えあいながら渡すのが一番いいんじゃないかな。

先進国っていう見方をすれば確かに私たちの方が上かもしれないけど、私たちがこの数十年で置き忘れてきた大切なものをバングラはまだ持っているんだから、日本はバングラから学べることがたくさんあると思う。バングラデシュ人と日本人の間に優劣はないはず。「先進国の私たちが良いと思うものだけを与えればいい」なんていうことはない。どこかの国が何かに困ったときに「これが足らない！」「これを手伝って！」って声を上げられる環境をつくるべき。それでどこかが助けを求めたときに周りの国々がそのピンチを乗り越える手助けをする。こういう社会を築くことができたらいいのにな。

でもこれって国家単位じゃなくても人との関わりについても言えるよね。少しでも困ったことがあれば誰かが助けに来てくれる。なんかバングラでの生活みたい。

「手伝って！」

って言ったら必ず誰かが笑顔で一緒にやってくれた。その分周りの人が困っていたら自分も手伝いに行く。おかげですごく安心して過ごせた。「必ず誰かが側にいる」って思えたから辛いことも乗り越えられた。日本の便利な生活に戻ってもこうやって積極的に手伝えるようにしたいな。

ラップアップミーティングのあとは、スタッフさんがサプライズで江間ちゃ

んにケーキを用意してくれていた！　バングラで誕生日を迎えた江間ちゃんのためにダッカの街まで買いに行ってくれたらしい。大きなスポンジケーキの上にたくさんの生クリーム、砂糖でできたバラのデコレーション……すごく甘そうだけど、すごく美味しそう！　みんなの分を切り分けて、みんなで頂いた！　本当に甘かったけど美味しかった！　お代わりしたかったけど私の誕生日ケーキじゃないから我慢した。またいつかバングラのケーキを食べたいな。（笑）
　このあとは荷作りをしにそれぞれの部屋に散らばった。終わった人は、廊下でスタッフさんと歌を歌ったり、

ベッドの中に入ったりと自由行動。「これが最後の夜か……」って考えるとすごく悲しくなって私も早くスタッフさんと騒ぎたかったのに、今までちゃんと片付けをしてこなかった付けが回ってきてひたすら荷物の整理……。廊下から聞こえてくる歌声と笑い声をＢＧＭに、終わりそうもない荷造りをするのは辛い。（笑）
そして長い長い私の荷造りが終わったころには、夜の宴会も終わりを迎え始めていた。でも寝る気になれないから、まゆちゃんを巻き込んでＢチームの大学生のお姉さんたちの部屋にお菓子を持って恋バナをしに行った。でも途中で眠気に負けてしまってみんな寝ることに。食べかけのクッキーを明日の朝食用に自分の部屋に持って帰り、ベッドの中に入った。みんな、おやすみなさーい。

# 14日目：帰りたくない、帰りたくない、帰りたくない

「あーあ。朝が来ちゃった。まだ飛行機に乗りたくない。せめて夏休みが終わるまでの間でいいから、ここにいたい」

って思いながら、昨日の夜開けたお気に入りのミスター・エナジークッキーを口の中につっ込んだ。これ以上柔らかくなれないいんじゃないかっていうぐらい一晩で湿気ていた。この異常な湿気とも今日でお別れなのか……。

それにしても昨日もっとちゃんと考えればよかったな。このクッキーを食べきらないと明日の朝には「やばい」ことになっているって。それだけテンションがおかしくなっていたのかな。もうみんなとお別れしちゃうって。おかげで私の貴重なミスター・エナジーの半分以上が無駄になった。朝から悲しすぎる……。

最後の朝ごはんもみんなで美味しくいただいた。ルティ（平べったくて丸いナンみたいなもの）も、バングラのバナナも、チャーも、これで最後なんだな。バングラのカレーももう食べられない。「2週間もバングラで過ごすの嫌だ」なんて言っていたあの頃が懐かしい。この国に来てたくさんのことを考えさせられたし、色んなことを学ばさせてもらった。この国は私を成長させてくれた。

初めは何の関心もない国だった。それがある日、いきなり一番行きたくない国に変わった。そして今は、大大大好きな国になった。

もしこの2週間を日本で過ごしていたら、自分がどれだけ恵まれているのかにいまだに気がつけない自分がいたと思う。新しい1日が毎日与えられていることに何も感じずにその1日を何となく生きていたと思う。

この国で経験したことを日本で広めていくことがこのスタツアに参加した人の使命だと思う。だから日本に帰ったら、バングラの子どもたちの輝く笑顔、勉強することの楽しさ、人を思いやる気持ち、物がたくさんなくても幸せに生きていけること、感じたことすべてを必ずたくさんの人に伝える。そしてまた必ずこの国に帰ってくる！

最後の朝ごはんのあとは、最後の集まり。スタッフさん、スタツアメンバーみんなで輪になって、日本まで無事に帰れるようにお祈りした。そしてみんなに

「ドンノバッド（ありがとう）」

って伝えた。

キャリーケースをスタッフさんに預け、車に乗った。このデコボコ道ともお別れか……。

車が空港に着き、自分のスーツケースをスタッフさんから受け取ったらそこでお別れ。もうみんな泣いている。2週間でこんなに大切に思える人たちに出会え

たってすごいことだよね。もっと長い間一緒にいたような感じがする。

嫌々ながらもこの国に来てよかったです！　本当に！

ここでの経験を忘れずに、自分の糧として大切にしていきます。

本当に２週間お世話になりました！

また会えるのを楽しみにしています！

オネークドンノバッド！！！

（本当にありがとうございました！）


このあとは無事に出国審査を終えて、みんなで飛行機に乗り込んだ。

そして飛行機の中から見た夜の地球は、キラキラと美しく光っていた。バングラの子どもたちに、

「私たちが住んでいる地球はこんなにも綺麗なんだよ」

って見せてあげたくなるぐらい美しかった。

自分の目の前に広がる平らな地球しか見ることができない人たちがこの世界にはたくさんいる。なのに自分は、この地球を、こんなに高いところから俯瞰することもできる。これってすごく恵まれていることなんだな。それにしても空から

見たこの世界は本当に綺麗（きれい）。

けれども……スタディーツアーが「オシュビダなく（問題なく）」幕を閉じることはない……。

バングラからお友達を日本に連れてきてしまったメンバーがたくさん。「お腹痛い！」って言いながら羽田空港のウォシュレット付きの綺麗な水洗トイレにみんな駆け込んでいった。

私は「久しぶりの水洗♪」と自動で流れるトイレを2週間ぶりに見るためにトイレの列に並んでいた。私のお友達はちゃんとバングラに残してきたから安心。（笑）

## 本当の豊かさ —— The most important thing in life ——

今回このスタディーツアーに参加して、沢山のことを経験させていただきました。その中で様々なことを感じ、考えさせられました。中でも特に深く考えさせられたことがあります。それは、本当の豊かさとは何かです。

少し前までバングラデシュは世界最貧国と言われていました。今でもアジアの中ではそうかもしれません。確かに最初はとても不便だと思いました。しかしだんだんそうは思わなくなりました。逆に日本人の方が、ある面では、貧しいのではないかとも考えるようになりました。確かにバングラデシュではすぐに停電し、お湯は出ず、トイレも水洗ではなく、日本に普通にあるものがバングラデシュにはありません。

子どもをＢＤＰの小学校に通わせているお母さんが「今困っていることは無いか」と聞かれ、「子どもを学校に通わせることができて、子どもがとても嬉しそうだから無いわ」と答えるところを見かけました。この国に滞在して私はバングラデシュ人には家族の温かみ、勉強の本当の楽しさ、もっと勉強したいという意欲、周りの人を思いやり皆で協力しようとする気持ちを感じました。これらのことは、お金や電気など目に見える物よりもずっともっと大事だと思います。それがバングラの人たちにはありました。

日本ではどうでしょう。仕事ばかりで家族とゆっくり過ごす時間が取れない。LINEやツイッターをやりすぎて、勉強がはかどらなかったり、相手の顔を見て話す機会が少ない。こうなってしまったのはきっと日本に物や技術がたくさん溢れて便利になったからではないでしょうか。物が溢れているから人として大切なことを見失ってしまう。これではどんなにお金があっても意味がないと思います。

バングラデシュの人々は物がないといろんなところで苦労しているはずです。しかし、そこで周りの人々と支え合っていくことで、絆がうまれ、近所の人、村全体の人々が大切な人となります。これはお金では買えない素晴らしいことです。私もバングラデシュで生活したことによって、日本では得られないような人と人との繋がりを得ることができたと信じています。そして、バングラデシュには日本のようなお金や物の豊かさはないかもしれないけれど、もっと大切な「豊かさ」があると感じました。

今、バングラデシュはとても速いスピードで発展しています。そこで、裕福な人だけがどんどん先に進み、残りの人たちを置いてきぼりにするのではなく、国民全体が協力して国を良くしていくことを願います。また、一度でもお金を沢山得ることに夢中になってしまうと、家族と過ごす時間、周りを思いやる気持ちなど、お金では買えない大事なことを忘れてしまい、生活の中からそういったことが少しずつ消えていってしまいます。そして一度無くしてしまうとその大切さに気づき、取り戻すのはとても難しいはずです。だから、自分たちが今持っているものが、日本を含めた先進国からすればどれだけ羨ましいものか、どれほどの人がその価値を忘れてしまっているのかをバングラデシュの人たちに知ってもらいたいです。そして、バングラデシュが今の日本と同じぐらいの経済力を持っても、その価値を分かっている人で溢れている国であってほしいです。

この2週間を通してもっとバングラデシュのことを知りたいと思いました。これで終わりにするのではなく、これからもずっとバングラデシュと関わり続け、少しでもバングラデシュの役に立てればいいなと思います。

また、このような充実した2週間を過ごせたのは、いつも私たちが安心して過ごせるように優しく気づかい見守ってくださったＢＤＰのスタッフの方々、慣れない私たちのためにいろいろ説明してくださったＪＩＣＡの方々、困ったときにいつも助けてくれたスタツアの参加者のみんな、いつも笑顔で宿舎に遊びに来てくれたり学校に迎えてくださった現地の方々のおかげです♥

バングラの子どもたちにまた会ったときに恥ずかしくないような自分になって、絶対にまたバングラに戻ってきたいです！

本当にありがとうございました。オネークドンノバット♡

# 「楽しかった」で終わらせたくない（座談会）

この感想文は、スタツアから帰ってきてすぐに書いたものです。あれから2年経って読み直してみると「やっぱりそうだよな～」って思います。また、行った当時には感じなかったけど今なら感じることや、新たに興味を持ったことも沢山あります。

こう感じているのは私だけではなく、バングラで一緒に生活したメンバーの多くもきっと同じ思いだと思います。

そんなメンバーと一緒に、バングラにいたときみたいにまた話をしたら新しい気づきがさらにあるのではと思い、

　物で始まる私の生活

私は夢を描いてる?

私とファッションと発展途上国の関係

という3つのテーマをもとに座談会を企画しました。

## それぞれのスタツア参加理由

**のえみ**　私は半強制的にスタツアに参加したから、みんなと初めて会ったときすごくびっくりしたの。「ここは、こんな私が来ていいところじゃなかった」って。だから準備会の日、「何この子？」って思われそうで恥ずかしかった。みんなとあまり話さなかったのは、人見知りもあるけど、あまりに何も考えてない自分を知られるのが怖かったのかもしれない。今思えば。（笑）

そういうことで、みんなのスタツア参加理由をもう一回教えて欲しい。

**あやの**

日本はすごい発展していて、そういうところに自分は住んでるけど、そんな日本とは違う国の環境を見てみたくて参加を決めた。あと、結構肌見せちゃいけないとかイスラム圏の文化があったじゃん？ そういうのも体感してみたいなと思って。

**ゆか**

私は、もともと発展途上国に興味があって、高校生のうちに一度そういう国に行って自分の肌で経験してみたいな、と思って参加した。

**まゆ**

もともと発展途上国の支援に興味があった感じ。それで学校の先生に「行ってみない？」って言われて、「なかなかこん

なチャンスないな」って思い立って参加した。

**みほ** 発展途上国に自分が行くなんて考えたことがなかったけど、行く機会はこういう時しかないいんだろうなって思った。親からも「こういう経験とかは若いうちにしておいた方がいいし、お母さんも若かったら本当に行きたかった」って言われて、「じゃあ行ってみようかな」って行くことに決めた。

**ともこ（ケミ）** 学校の委員会とかあんまり積極的にやってなくって、ずっと積極性に欠けるところがあって、それで「参加することでなんか自分が変われるんじゃないかな」って思って、参加することに決めたかな。

**ひなこ** 異文化を肌で感じたかったから。あと将来は教育に携わって、日本や世界の子どもたちと触れ合いたいから、進路選択のヒントを得るために参加した。

## テーマ１：「物で始まる私の生活」

**のえみ**　バングラから戻っていろんなこと考えたと思うけど、まず「物」についてみんなで話したいなって思う。私たちの生活って、物が大部分を占めている気がするけど、どう思う？

**ともこ**　私たちは物に困ることがあまりなくて、物で溢れている自覚はある。バングラの人たちは住居とか、食料とか、生きるために最低限必要なことすらも危うい感じだった。食べ物でも、服でも、なんでもそうだけど日本はやっぱり捨てている物が多い気がする。

世界で少数の裕福な国が、世界中の富のほぼ全てを使っていて、バングラのような**発展途上国に分けられている富は少ない、**っていう話を聞いたことがある。大きい話なんだけど、私という小さい個人からでも、何か少しでも変えることができないかなって、バングラに行ってからずっと思うんだけど……。

**あやの**　バングラデシュでは、スマホとか、テレビとか、ゲームとかなくても生活できたじゃん。でも日本では**やっぱり自然とスマホに手が伸びちゃう。**

バングラでは、「物がなくても全然幸せだと思う」って言っていたのに、やっぱ空港に帰ってきた瞬間、携帯に電源入れちゃう自分がいた。結構物に依存している自分がいるって、バングラに行ってから気づいた。

「物があるから幸せ」とは思わないけど、**スマホとか物がきっかけでほかの人とつながろうとしちゃう自分がいる。**バングラの子供たちとは物を使わなくても仲良くなれたのに。うまく物を使うって難しいなって思った。

**みほ**　私は、ストレスが溜まると衝動買いが激しくて。STAR WARSが好きなんだけど、グッズを見たらすぐ買っちゃう。でも、後からちゃんと落ち着いて考えると、買ったは買ったけど、心が満たされる感じはそんなにないんだよね。で、またちょっとずつストレス溜まって、買っちゃって……。でも逆に友達と遊ぶと、「めっちゃ今日楽しかった」ってすごい満たされた気持ちになる。**「物を買うことで満たされることは**

**そんなにないな」**って最近すごい思う。バングラでは地域のつながりが深かったじゃん？**「物がなくても人との思い出で満たされる」っていうことを、日本との差に感じる。**日本では近所関係の繋がりが希薄で、満たされない感じが、あるんだと思う。

**まゆ**

バングラデシュに行く前の私の考え方って、すごく極端だったんだけど「無くても生きていける物がこの世の中にはびこっているな」って思っていた。テレビゲームとか、携帯ゲームとか、「いや、それなくてもあなた生きていけるよね、命に関わらないよね」って。ま、中毒になっている人は、無かったらおかしくなっちゃうかもしれないけど。

バングラに行って、「物があれば幸せとは限らないんだな」っていうのをものすごく感じた。逆に**「物があることで失くしてしまったものもあるよね」**って。

日本の昭和って、「古き良き時代」って呼んだりするじゃない？その頃って、バランスがちょうど取れてたんじゃないかなって思う。まだ近所付き合いとか、人同士の温かみがある関係が失われていなくて。バングラから帰ってきて2年経ったけど、その間にも最新の技術がどんどん発達していて、もう今は「ドローンが当たり前」みたいな。「え？それ要る？」っていう感覚は、まだある。「今、そのドローンの開発をしてる人が、その熱意をほかのことに向けたら、救われる人々がいるんじゃないの？」って強く感じる。だから私はそういうものを作るような人間にはならないと思う。

なんか今すごい偉そうなこと言っているけど、だからといって、物を持たない生活をしているかというと、そんなことは全然ない。ただバングラから戻って変わったことがある。お店で「あ、これかわいい」って手に取ってから会計に行くまでに、たとえ安いものでも、それが本当に必要かを自分に問い詰めるようにしている。**「本当に、私は、ここでこれを買う必要があるのか？」**みたいに。買った後、それを使う場面とかを想像して、必要性を感じたらそのままレジに行くようにしている。

**のえみ**　めっちゃ分かる！　私もバングラ行ってからその癖ついた。考えれば考えるほど何も必要なく思えてきちゃうよね。（笑）

**まゆ**

私の感じ方だけど「物があることによる幸せって、物を所有できるって喜びとか独占欲」みたいなもので、資本主義独特だと思う。「私はこの物を所有できる力がある」っていう考え方もあるんじゃないかな。その喜びは、**物が無い状態よりも人生を豊かにしてくれるという意味では、プラスの面もある**と感じている。物があることを完全に否定はしなくなったかな。ちょっと成長、うん。

**のえみ**

バングラの人たちを見ていると、物はないけれど、その分、協力し合っていた。人との距離が近い感じがした。手を洗うにしても、誰かが井戸のハンドルを押してくれなかったら、うまく洗えない。日本は物があって便利な分、自分でなんでも済ませられる。人に頼らなくても、それなりに出来ちゃうし、自分でやった方が早かったりする。

あまり考えずに買った物って家にどんどん溜まっていって、それを見ることでストレスを感じちゃう。「あ〜捨てないといけないな〜」って。**物を捨てるのって心が痛む**し、ずっと先送りにしちゃう。

それと日本では、物が先に来ていて、心が貧しくなっている気がする。

**ゆか**　「心が貧しい」って?

**のえみ**　**自分の内面で人と勝負するんじゃなくて、物で自分を着飾っている感じ。**「自分がどれだけ物を持っていて相手より優位か」みたいな考え方をしちゃうから「心が貧しくなっている」のかなって思った。

**ゆか**　バングラデシュの生活を見て感じたのは、**ほとんどが自給自足**だったこと。自分たちで農作業しないとご飯食べられないから、ご飯を食べられるありがたみがある。出産をするにしても、お葬式をするにしても、日本みたいに業者に頼むんじゃなくて、家で自分たちでやることが多いと思うの。人が「産まれる」「死ぬ」ところを間近で見ている。私たち日本人は、そういうのを家じゃなくて病院とか葬儀場でやる。食材だって自分の家で作るっていう人もいるけど、スーパーで買うほうが多い。**家から生活の営みを分離させていくと、感謝する気持ちがどうしても薄れちゃう**んだなって思う。

**ひなこ** 私たちの生活を振り返ってみると、真心が欠けているんじゃないかなって思う。**「有る」ことが当たり前で、感謝がない。**今、私、コンビニでバイトしていて、お弁当を買った人にお箸を付け忘れていたことがあったの。そうしたらそのお客さんはお店に戻ってきて「割り箸入れてって言ったじゃん！」って、みんなのいる前で大声で怒鳴ったんですよ。こっちからしたら、「申し訳ございません」とは思うけど、たかが割り箸ひとつで、自分の感情に波ができちゃう。**物に自分をコントロールされている**ことが、日本ではよくあると思う。

**まゆ** **物が溢れていることで「物が人と人をつないでいる」**感じがする。直接会わなくてもスマホ一つあれば、今何しているとかわかるし。実際に見ていないのにＬＩＮＥで「どこどこにいるんだ、へえー」みたいな。分かればそれで終わっちゃう。

バングラデシュでは「人と人が直接つながってる」って思った。会って何かするとか、会って相談するとか、すごく日本との違いを感じた。なんかねー、どっちの方が幸せとか、よく分かんなくなっちゃって……

いやなんか……。

**あやの**　さっき「物に自分をコントロールされている」ってひなこが言ってたけど、バングラでのシェアリングで機械化のことも出ていたよね。今の日本では全部機械がやってくれるけど、昔の日本だったら井戸から水を汲んで、洗濯も自分の手でやっていた。
　バングラでは、自分がしっかりしなきゃって思ってたんだけど、日本に帰って来てからは何をするにしてもスマホに頼りきっている。例えば「電車に乗ってどこか行こう」っていう時に、すぐに調べられる**便利な状態が揃っていて、物に頼っている自分がいる。自分がしっかりしなきゃっていう気持ちが、日本だと足りないって思う。物がなくてもしっかりと生きていける生活力をもつことが大切だなって思った。**

**みほ**　**物があることで失ったものは「余裕」**かな。例えば、時計があることで、時間通りに電車が来るから、自分たちも時間に合わせて行動しなきゃいけなくなる。バングラだったら、電車なんか時間通りに全然来ないから、

「来たのに乗ればいい」みたいな感じで生活しているんだと思う。そのせいかな、バングラの人たちには余裕があった。日本だと、遅延するとすごい怒っている人がいるじゃん。駅員さんに、「説明がないのはどういうことなの！」って怒っている人がいる。でも、もともと、日本みたいに時間どおりじゃなかったら、「まあ、よくあることだよね」って余裕が生まれて、相手にも優しくなれると思う。急ぐことが少なくなると、余裕が生まれるんじゃないかなって思う。

やっぱり時間通りに電車が来る方が、生活は便利だけど、さっき、まゆが言ったみたいに、どっちが幸せか分からないと思う。**文句を言うんじゃなくて、「やっぱこういうところは良いよね」って、自分が置かれた環境の良い所を見つけられることが、一番幸せ**なんじゃないかなって思う。

## テーマ2：「私は夢を描いている？」

**のえみ**　バングラの子どもたちは、「医者とか先生、パイロット、警察官になりたい」ってはっきりと夢を言っていたじゃん。高等教育を受けられる子ってほんの数パーセントで、ほとんどの子の夢はきっと叶わないはずなのに。それでもみんな、自信をもって「なりたい」って言っていた。

　バングラの子どもたちと比べて私たちは遥かに恵まれた環境にいるはずなのに、「これになりたい」っていう夢がなかったりする。あったとしても、夢のことを堂々と言えなかったりする。

「これがしたい」とか「この仕事に就きたい」って思いにくいのは、いろんな情報が溢れていて、選択肢が多すぎて、分からなくなっちゃうのもあると思う。

　夢があったとしても、それが叶わなかった時に、何か言われるんじゃないかって恐くて人に話せない。失敗が怖い。日本でも自分から夢を掴もうとしている子はたくさんいると思うけど、バングラと比べて日本は夢に対して消極的な感じがする。

**ひなこ** その学校のカラーにもよるだろうけど、私の周りには、とりあえず進学みたいな**「とりあえず」っていう感じ**があったの。とりあえず受験とか、とりあえず大学行くっていう空気ができちゃっている気がする。
大学始まって１・２ヶ月で、「授業めんどくさい」とか「あの教授なら出なくても欠席バレない」って言っている子がいる。日本って、せっかく大学が何百校もあって、各大学でいろんな研究ができるのに。環境が整っているのに利用していない気がする。日本人としてすごい損をしていると思う。
どうして「何となく」っていう子が増えちゃったのかがすごい疑問。やっぱり「当たり前」っていう空気ができちゃっている。そんな**「とりあえず」と「何となく」と「当たり前」のループの中に私たちはいる**のかな。

**まゆ** 「この学部のこの学科、この教授に教わりたいからこの学校」みたいに夢一直線の子もいるけど、「とりあえずこの大学行っておけば、就職につながる」っていう感じで選ぶ子も多くて。私も結構そういう後者の傾向が強かったのかなとは思うけど……。

「いい大学に入って、いい会社に就職して、いい収入を得て、自分の子どもの教育とかにもお金かけられる」みたいに、**「いいサイクル」に乗りたい**っていうのが大きい。そういうサイクルが、もう日本の社会に出来上がっちゃってるなとは感じるね。

「とりあえず大学」っていう空気の理由を考えてみると、まず1つ大きいのは――日本人の多くかどうかわかんないけど――大学にとりあえず入れるお金があるからだよね。あたりまえだけどこれが一番大きい理由だと思う。

あとは、国民性っていうか、「みんなが行くから」みたいなのもあると思う。「みんなが行くのに私だけ行かなくてもねえ」みたいな。そういう流れに逆らえない感じが、また「とりあえず大学」っていい空気を助長しているんだと思う。

「とりあえず大学」って言いながら夢持たずに入った人が、その大学でどれだけ学べるのかなっていうのは疑問だよね。どんなにやる気のない人が通っている大学にも、大学という名前がついてる以上、素晴らしい整った研究施設があるのに、それを生かしきれていないのはもったいないと思う。

バングラのやる気に満ちた子どもたちを見てたびたび感じたのは、「この子どもたちと自分の母校の子どもたちを、丸っと入れ替えちゃいたいな」って。そうしたら、この子どもたちは目を輝かせて日本の設備を存分に生かして使ってくれるんだろうなって思う。まあそんなの無理なんだけどね。（笑）**本当に使いたい人が使えなくて、使う気もないような人が自由に使えるのって、納得いかない社会**だと思う。

**あやの**

日本は学歴社会で、大企業に就職するには、偏差値の高い大学を出ないといけない。一人一人の価値が、人間性よりも、勉強のできるできないで決められちゃう。勉強ができれば「とりあえず」幸せになれるみたいな。いい学校に入れれば、いいサイクルに入れる。そのサイクルに入るために勉強する。

私は高校生の時に、受験勉強をしなきゃいけない義務感がすごいあった。人並みの生活がしたいなら勉強しないといけないってバングラに行くまでずっと思っていた。だから**「嫌だけどイヤイヤ勉強」**みたいな感じだった。

でもバングラの子どもを見て、「ちょっと違うんじゃないか」って思った。**自分のやりたいことをやるために大学に行く。そのために勉強をする。そんな感じに、ちょっとモチベ（＝モチベーション）が変わった。**

バングラでの経験を通して、学ぶことに対する態度が変わったかなって思う。

**ゆか**　めっちゃ分かる！

**あやの**　将来の夢についてだけど、小さい頃って、結構、大きい夢があったじゃない？　お医者さんになりたいとか、スポーツ選手になりたい、看護師さんになりたいって。「こういう職業に就きたい！」って人前で言えたけど、年を重ねていくにつれて現実が分かるっていうか。自分はこの程度しかできないみたいに。学校に通うことで、自分ができることが増えていくはずじゃん。学年が上がるごとに難しいことをやって、人としてできることが増えていっているはずなのに、夢が小さくなっていくっていうか。うまく言えないけど、**夢をつかむために勉強しているのに、自分はこの程度しかできないって感じて、自分から諦めちゃっている。**

**みほ**

私の周りにテスト前になると、「とりあえず赤点回避……」みたいな子がいる。学年末になると、今までのテストの結果を計算し始めて、「あと何点取れれば上がれる」って言ってる。

最初から勉強する気のない子もいれば、高２まで成績がすごく良かったのに一気に落ちちゃった子もいる。「どうしたの？」って聞いたら、「夢が分かんなくなって、自分が何のために勉強しているのかも分かんなくなって、一気にやる気が出なくなって成績も下がった」って言っていた。夢があることによって、モチベーションも上がるし、勉強をしようっていう気になるんだなって感じた。

バングラで、自分とちょうど同い歳の女の子に会ったの。その子はずっと小さい男の子を抱いていて、私はその男の子を女の子の弟だと思っていたんだけど、実はその子の子どもだった。自分と同じ16歳なのに、もうお母さんになっていて。そういうところからバングラの女性の地位の問題とかに興味を持つようになった。

日本には赤点回避って騒いでいる子がいる一方、発展途上国には子どもを抱いている子がいる。**自分と同い歳でも、自由に選択できない子がいるのに、自分には選べる自由があるんだから、その自由は無駄にしたくない。**「将来こうなりたい」ってちゃんと言えるようになりたいなって思った。

バングラの子どもたちが叶えられないかもしれないのに、純粋に自分の夢を言っていたのって、今、実際、夢を考えている身としては、すごいと思う。言うのはタダだし、どんどん夢を人に話していけば、周りからどんどん情報が集まると思う。やっぱり友達とかにも相談しながらしっかり考えていきたいって思う。

**のえみ**　ちょっと話題変わるけど、話があんまり面白くない先生っているじゃん？　そういう先生に対して「授業料払ってんのに、なんでもっと面白い、ちゃんとした授業してくんないの」みたいなことを言う友だちがいて。なんだろう……。まず授業料払ってるのって親じゃん。だから子どもが「授業料払ってるのに」って言える立場じゃないと思う。先生の話はつまらなかったりすることもあるけど、先生に対して持つべき最低限の敬意を持っていない子もいると思う。

　でも先生には、「ただ知識を教えればいい」って思うんじゃなくて、「学ぶ楽しさ」もちゃんと教えてもらいたい。教師っていう職を選ぶからには、そこをちゃんと理解している先生がいいなって思う。

## まゆ

私の親、教師だけど、「やる気なさそうな生徒に教える気が起きない」ってたまに愚痴っている。話を聞いていると、**相互に悪い影響を及ぼしあっている**んじゃないのかなって思う。「授業聞く気ない子に教える気がしない」、「教える気なさそうな先生に教わる気が起きない」。「話しても聞いてもくれないし」、「話し聞いても面白くない」みたいに、どんどんお互いの関係を悪くし合っていってるんじゃない？　いつの間にか教師

と生徒の間の壁が厚くなってできてしまっている誤解がある。

**みほ**

母親が姉の高校に１日公開授業を見に行ったとき、数学の先生の黒板がすごい汚くて、「何でこんなに汚いんだろう」って思ったんだって。ちょうど次の時限、同じ先生が隣のクラスで授業だったから、「隣のクラスでもあんなに汚いのかな」って覗いたら、「隣のクラスはめっちゃ綺麗だった」って言っていた。何が違うかって言うと、姉のクラスは、すごいうるさくてまったく話を聞いていなかったのに、隣はすごい静か〜にやっていたらしい。**先生だって人間だし、うるさくされるとやる気も失せちゃうよね。**先生だから、そこはちゃんとやってほしいとも思うけど。

教師と生徒の間に壁があるというのもあるけど、逆に先生にタメ口で話す子もいる。ちょっとタメ口使うぐらいなら気にならないけど、「私と何々先生いい友だち、みたいな感じだから」って言ってくる子とかいて。「そういうのっていいのかなあ?」って思ったりする。先生だからこそ、わきまえなきゃいけないこともあるよね。
去年の物理の授業は、テスト前に毎回数ページ分時間が足りなくなって、授業でバーッとやって、「ここの問題、家でやっといて」ってなっちゃっていた。「そういうのは止めてください」って毎回紙に書いて出すのに、まったく聞き入れてもらえなくて、1年間ずっとそんな感じだった。改善するべきところはちゃんと改善する努力をして欲しいっていうのが生徒側の要望でもある。そうでないと、「あーこの先生の話を聞くくらいだったら、自分で進めよう」って、ずっと内職ばっかしちゃう。それで先生もやる気失せて……っていう風になっちゃうよね。**お互いの希望をそれぞれ飲み込んで、良い関係を保っていくべき**だよな、とは思う。

**あやの**

高校の時って担任の先生がいて先生との距離めっちゃ近かったけど、大学に入ってみると生徒100人に対して先生1人っていう授業もある。勉強以外のことではあんまり喋(しゃべ)らない。高校のときは、「生活指導すごい面倒くさいな、なんでそんなことまで注意してくるの」って思っていた。でも悪いのは確かに自分だったし、先生が言ったことは間違っていなかったなって今は思う。「注意されないのも逆にちょっと寂しいな」って大学に入って思った。注意してくれる人がいるうちが花だなって。今はもう無干渉みたいな感じだから、お互いに。

**ゆか**　大学って、勉強ができないのを先生のせいにできない。先生のせいにするのは甘えだなって思う。大学に入ってから勉強するかしないかは自分次第。

昔の東大は、「先生は一切授業しなくて、学生が自分で勉強していた」って聞いたことがある。いい先生に当たったから勉強ができるようになるわけじゃないっていうこと。**何事も自分にプラスになるように持っていけるかは自分次第だと思う。**

**ひなこ**　うわ、めっちゃ、大人！

**ゆか**　うち、高校のときめっちゃ文句言っていたけど、言い訳にしていたんだなって最近気づいた。

**あやの**　卒業してそう思うよね。

**みほ**　日本人は夢が持てないっていうより、みんな夢を持ちたいって思っている。でも夢のことについて調べていくにつれて、自分がその仕事に就いた時のこととか、いろいろ考え始めちゃう。そうすると勝手に自分で、「あ、これは駄目なんじゃないか」とか「自分のこんな成績では無理だよ」って考え始めちゃって、**自分で自分の夢を諦めちゃう**。

実現するかわからない夢について考え続けるのはやっぱ辛いから、途中で現実逃避しちゃったりする。結局、そういう現実逃避が「仕事したくない」に繋がって、「とりあえずフリーターやればいい」とか「とりあえず大学中にバイトして世界中旅行して、やりたいこと見つけられればいっか」ってなっちゃうと思うんだよね。

だから**夢を持てないっていうより、夢を持ちたいがゆえに持てない**みたいな。でもそういうのって、夢はあるのに実現出来ないバングラのような国の子からしたら、**「すごい羨ましい」**っていうか**「もったいない、生かしきれてない」**って思われるんだろうな。

**あやの**　私は、高校生のとき、「高校3年間で行きたい大学決めればいいや」って言って、結構ギリギリに学校を決めた。「今は具体的な目標がなくても、大学でやりたいことが見つかればいい」って感じでやってきた。平和ボケというか危機感がなくて、周りに甘えている状況にいる。結局、先延ばしにしちゃう悪い癖がある。これって日本が平和だからこそできるのかな。バングラと比べて環境はすごい整っているから、夢を**目指す意思と、自分の力の発揮次第で、なんでもできる国なんじゃないかなって思う。**

**ゆか**　**「日本だから夢のことはあまり話さない」ってことはないと思う。**バングラの子だって全員に夢があるとは思わないし、日本の子全員に夢がないわけでもない。それには国とか関係ない。自分の志で変わると思う。

バングラの子どもがどんどん自分の夢を語ってくれたのは、確かに衝撃的だったけど、日本の子どもも語ってくれると思う。でも**大人になるにつれてだんだん自己分析が出来て、「自分がこの夢に対してどの位置にいるのか」を摑(つか)めてくる。**夢に対して遠すぎると、自分が向いていないって思う。

経験を積むと、何が自分に向いているのか、自分がどういう人なのかも分かってくる。何が足りないのかも分かってくるから、安易に口に出せなくなる。それに医者とかパイロットとか、よく知られている職業名じゃなくて、もっと細かい職業名っていっぱいあるじゃん。一言では言えないけど、この分野に関わりたいっていうのはあると思う。

**まゆ**

日本は、**「余裕」がある**と思う。「大学出たら、即、就職しなきゃ」って切羽詰まっている人もいるけれど、「そんなに急がなくてもまだ余裕あるし」っていう人もいる。バングラほど「命かかってない」っていうか。「責任のある仕事に就くのから逃げたい」みたいな。

この前、『しくじり先生　俺みたいになるな!!』（テレビ朝日系、2016年5月2日放映）に米村でんじろう先生が出ていたの。でんじろう先生は具体的な夢がなくて、社会に出たくなくて三浪して大学にやっと入る。大学生活終わっても社会にまだ出たくなくて、大学院、そして研究生になる。「とことん社会に出ないこと12年」っていう道を歩んできた。

でも社会に出ずに12年も過ごせたのって、生きていける余裕がそれだけあったからだよね。**そういう「余裕」が、夢へ進むための決断を後押しする力を奪っている。**「まだここで決めなくてもいいし」っていう感覚が普通にはびこっていると思った。

**ゆか**　切羽詰まった状況が日本にはあんまりない……。

**まゆ**　もちろん切羽詰まっている人もいると思う。でもなんか決断をするための、後押しする力がない気がする。

**のえみ**　夢を持てない理由に、安定志向も関係していると思う。文系より理系に進んだ方が将来お給料の高い職業に就きやすいとか、芸術やスポーツ系は、才能も大事だけど努力や運次第で狭き門だとか。将来のことを考える時に、お金がないと生活は楽じゃないし安定しない。**「安定」のために目指しているから、それを夢って言いにくいのかなって思う。**進路を決めるとき、やりたい職業より「安定」が先に来ている気がする。

**まゆ**　でも「安定した収入の先にある、安定した生活」も私の夢。だから私はそれも夢だといっていいと思う。

**ゆか**　それはそう思う。

**のえみ**　でも２人を見ていると、いろんなことを考えて、挑戦しているよね？　まゆちゃんの言う「安定」って、**無難を求める「安定」**ではなくて、**自分で築きあげる「安定」**のような気がする。

自分の夢を捨ててまで無難の安定を選ぶのはもったいない気がする。いくら無難だと思っていても、難（なん）が無いことはないと思う。どっちを選んでも同じくらい辛いことはあると思う。辛さだけを気にしちゃいけないと思う。だって辛さは喜びによって報われると思うから。自分の夢を追いかけて何かが上手くいったときの喜びって、それまでの辛さを大きく超えるものだと思う。

## テーマ3：「私とファッションと発展途上国の関係」

**のえみ**　唐突で申し訳ないんだけど、これから話すファッションについて、何の先入観もないまっさらな状態でみんなに2つの質問をしておきたいの。みんなは、服を買うときってどんな基準で決める？

**ともこ**　ブランドにはあまりこだわらなくて、必要なものを、見た目と値段で決めるかな。

**みほ**　「着心地がいいな」とか「見た目はいいけど自分が着ると変だな」って思ったりするから、一応試着する。値段が高すぎると着るのにためらっちゃって、日常的にそんなに着れない。だから値段と、見た目と、用途が見合っているものを選ぶ。

**まゆ**　自分で買うときは、ブランドは気にせず、あまり目立ちすぎないものを選ぶ。着心地はわりと重視するかも。あとは、出来るだけ安くだよね。で、親が買ってくれる時は、「量販店で買うのはちょっと……」っていう感じだから、値段は気にせずに好きなものを買ってもらう。

**ゆか** 着心地の良さ、動きやすさ、値段、この3つかな。

**あやの** 私も同じ。でも、「このワンピースめっちゃ欲しい」って思ったら、ちょっと高くても見た目を重視して買っちゃう。

**のえみ** みんな買うときは、見た目と値段と着心地が大事っていうことかな。私もそう思う。
じゃあ買うときにその服がどこの国で、どういう人によって作られたか考えたことってある？

**みんな** ん～

**のえみ**

何で「ファッションと発展途上国の関係」をテーマにしたかというと、高2のときの保健の授業が発端なの。冬休みの宿題で、「4つのR(Refuse, Reduce, Reuse, Recycle)」っていう、自然環境のために出来ることについてのレポートを書かされて。正直レポートなんてやる気なかった。でも興味のあることについて書いた方が早く終わると思って、古着について調べ始めたの。

そうしたら、服を速く安く生産する「ファストファッション」と、それに対抗して出てきた「エシカル（倫理的な）ファッション」の存在を知った。バングラで起きたラナプラザの事故とか、服を生産する過程で川が汚染されていることも気がついたら、夜中の3時までずっとレポートを書いていた。

調べていくうちに、自分が普段、安く買っている服が自然環境を悪くしているって分かったのが今回の座談会で「ファッション」をテーマにした理由。スタツアと直接は関係ないけれど、「ファッション」は中学・高校生、大学生の私たちには身近な話だし、バングラが私たちに安い服をたくさん供給してくれているという意味では切り離せない関係だと思う。

まずは映画を見てほしい。

## 『ザ・トゥルー・コスト ～ファストファッション 真の代償～ 』

監　　督：アンドリュー・モーガン
出　　演：サフィア・ミニー、ヴァンダナ・シヴァ、ほか
配　　給：ユナイテッドピープル
特別協力：ピープル・ツリー
協　　力：Dr.Franken 2015年／アメリカ／ 93分／カラー

ある朝、コーヒーを淹れようとしていたとき、ふと新聞の表紙に載った1枚の写真を見て、胸を打たれました。その写真は、二人の少年が行方不明者のチラシが貼られた大きな壁のそばを歩いているというもの。新聞を手に取ると、それはバングラデシュのダッカ郊外の縫製工場で起こった倒壊事故の話で、死者千人以上、負傷者数千人という大きな事故でした。倒壊した当時、工場は欧米の大手ブランド向けに衣服を生産していました。私は間もなく、こういった悲劇がこれだけにとどまらないことを知りました。

アメリカで生まれ育った私は、自分の衣服がどこから来るかを深く考えたことは一度もありませんでした。しかし、ブランドの裏側にいる人々やその現場について学び始めると、そこにあった現実は衝撃的なものでした。ファッションは労働依存度がもっとも高い産業で、世界のもっとも貧しい多数の労働者たちが衣服の生産に従事しており、その多くが女性です。これらの女性の多くが最低限の生活賃金以下の賃金で、危険な労働環境で、基本的な人権さえない状況で働いています。また、こういった労働者の搾取の問題に加え、ファッション産業は石油産業に続いて、2番目に環境汚染の多い産業でもあります。

今日、私たちはますますアウトソーシング*を増やし、消費を拡大し（過去20年、米国だけでも衣服の消費は400%拡大しています）、より多くの資源を使用している一方で、衣服に支払う対価は過去のどんな時代よりも少なくなっています。また、工場における労働者の事故はかつてないほど多くなっており、環境への負荷はまったく持続不可能なレベルに拡大しています。

自分たちの行動に伴うコストが明らかになりつつ今、私たちはどんな世界を築いていくべきでしょうか。自分たちが人々や世界へ与える影響をリアルタイムに測ることができるこの時代において、私たちはこの困難を克服する新たなシステムを作ることはできるでしょうか。

これらの問いと、その答えの重大な意味が、私が『ザ・トゥルー・コスト』の監督を務めるきっかけとなりました。

アンドリュー・モーガン (Andrew Morgan) 監督メッセージより

＊ 企業が事業や業務の一部を外部へ委託すること。

## ファストファッションの存在

**ひなこ**　ファストファッションって言葉、みんな知っていた？

**みんな**　全然知らなかった。

**まゆ**　でもファストファッションの服自体は、気がついたらもうあった、みたいな。

**みんな**　そうそう！

**ゆか**　無意識のうちにだったよね。服はいっぱいコロコロ買えるものだと思い込んでいたし。

**あやの**　１シーズン着ればいいや、みたいな感覚で買っちゃうしね。

**まゆ**　ファストファッションっていう言葉は普段あまり使わないよね。

**ゆか**　ファストフードなら分かるけど、ファストファッションっていうのは、正直知らなかった。

**ひなこ**　中国とか発展途上国の工場で服が安く作くられていることは知っているんだよね。でも、それをファストファッションって呼ぶことは知らない。

**ゆか**　今着ているＴシャツ８００円だったけど、これもファストファッションだよね。

**あやの**　私もH&MとかForeverとか、ファストファッションの服かなり買っている。安くて可愛いと、私たちにとってはめっちゃ魅力的じゃん。でもそういう服が……「私たちの血でできている」って映画の中で、バングラの縫製工場で働いている女性が言っていたじゃん。ラナプラザの事故で千人以上もの人が亡くなったって知って、服を作っている人の命までは考えていなかったって思った。

## ラナプラザの事故

**ゆか** ラナプラザの事故については、正直知らなかったよね。日本でちょっと報道があったような気もするけど、あれって何年のこと？

**のえみ** ２０１３年で、千人以上の人が亡くなった。バングラデシュのダッカ郊外にあるラナプラザっていう縫製工場が崩壊して。

**ゆか** 映画でのインタビューによると、労働者はビルの壁に亀裂が入っているってあらかじめ報告していたんだけどそれは無視され続けて、本当に崩れちゃった。
　雇い主が対策を取れば事故を防げたのに、なかなか取らなかった。経営者にもよると思うんだけど、労働環境の改善は直接収入に繋がらないからやらないいんだよね。最終的には人間の欲の問題なんだろうな。
でもファストファッションって、労働条件さえ改善されればいいもの？

## ファストファッションの問題点

**まゆ** 経営者は欲望を抑えるべきかもね。生きていくために最低限必要な利益を得るのは当然だと思うけど、とことん利益を増やす必要はないと思うね。

**ゆか** 重労働、低賃金で服が作られているのは知っていても、安いものに惹かれて買ってしまうのは、自分にもよくあることなんだよね。
バングラの現状って、私たちからすれば辛いものだと思うけど、バングラの人たちが生活のために働くのも必要なことなんだと思う。でも、労働環境は改善しなきゃいけないと思う。

「世の中の資本主義のシステム自体をまるっきり変えていかないとこれからはやっていけない」っていう言葉がすごく印象的だった。他人任せじゃなくて、自分たちが積極的に問題に目を向けて取り組んでいかなきゃいけないっていうのはすごい感じた。

**まゆ** 今まで、発展途上国で服の生産が低賃金で行われているのは知っていたけど、あそこまでひどいとは思っていなかった。というか、初めて知った。特に驚いたのは環境への影響。日本でも昔、水俣病とかの工業病が起こったじゃん。先例があるんだから、何かしらの対策が出来たはずっていうより、しなきゃいけないってすごく感じた。

映画の中で「資本主義のシステムを変えるべきだ」ってすごく言っていたと思うけど、私たち一人ひとりが出来ることが何なのか、分からなかった。ファストファッションの服を買わなきゃいいっていうもんでもないし。

**ともこ** 最低賃金の引き上げを求める運動で警察との武力衝突によって命を落

とす人がいるっていうことまで考えたことがなかった。労働者は最低賃金の引き上げを要求するけど、経営者側はほかの国に仕事を取られちゃうからお給料を上げられない、みたいな話だったじゃん。私たちがどうにかできる話じゃないけど、そういう状況があるって知ったからには、日本にいても考えていくべきなんだろうなって思った。

**まゆ** 日本にも格差ってあるわけじゃない？　生活がギリギリな人にとっては低価格で洋服が手に入るのは嬉しいことだと思う。ファストファッションがあることで、私たちも少ないお小遣いの中でやりくりしてファッションを楽しむことができるんだと思う。

## 私たちの欲望

**のえみ** 経営者の欲望もだけど、消費者の欲望も抑えないといけない気がする。「双子コーデ」とか最近あるじゃん。友達と同じ服をお揃いで着て……。

EST. 1977
NEW YO

**ゆか**　まるで双子のように。

**のえみ**　結構流行っているじゃん。双子コーデ自体はいいと思うけど、明らかに「その服もう着ないんだろうな」って思うことない？　普段自分が着るような服じゃないけど、安いしその場のノリで買っちゃった感じだと、なんか悲しくなっちゃう。一回しか着ないのに買うのって……。

**ゆか**　お揃いのTシャツとか。

**ひなこ**　使わないよね。

**ゆか**　パジャマになる。

**のえみ**　双子コーデの全てを否定するわけではないけど、同じ服を着ることによって友だちと繋がろうとしている気がする。これって、さっき話していた「私たちと物の関係」につながるよね。

## 仕事のやりがい

**ひなこ** ファストファッションは「庶民」のイメージで、高級ブランドはやっぱり「プラチナ感」がある。「プラチナ感のある物は良い物」っていう考えが、世間一般に浸透している感じがする。だから百均の物が壊れても「ま、安いからしょうがないや」って思う。「また買えばいい」ってなってレア感もない。

それと一緒で、ファストファッションにも「レア感」がない。だからファストファッションによりプラチナ感とレア感が出るように改善していけないないのかな。

**ゆか** でもファストファッションって、安くて手軽だからこそ人々は欲しがっていて、プラチナ感とは別なんじゃないかなって思う。

**ひなこ** 500円のTシャツでも、3000円のTシャツでも、縫製の段取りは一緒のはず。じゃあどこでその値段が変わってくるのだろうって思う。服を作っている人たちは、売るときの値段に関わりなく、意外と少ない報酬しかもらっていないんじゃないかな。作る人たちには安い賃金で、会社側は大きな利益を得ようとしているんじゃないかって思った。

**まゆ**　なんかさ、ブランドと非ブランドのものって、品質とか持ち具合が違わない？　私の母親は、私が生まれる前から同じお財布を使っているけど、そこら辺で買った私のお財布は、1・2年で剥がれてきたりした。やっぱブランドと非ブランドの差だなって感じる。
　メイド・イン・ジャパンって言われると安心できるけど、メイド・イン・チャイナって言われると、「ん？」ってなる。「あ、破れるかもしれない」って思っちゃう。

**ゆか**　それって、労働に対する考え方の違いもあると思う。日本は、物を作るのが好きで働いているとか。

**まゆ**　そういう国民性がね。

**ゆか**　バングラとか中国の人たちの働く意味って、本当に生活のためなんだと思う。「服が大好きで！」っていう気持ちで働いているわけではないじゃん。

**まゆ**　「素敵なものをお届けしなくちゃ！」みたいな気持ちで働くんじゃなくて。

**ゆか**　日本人は生活に余裕があるから、「やりがい」とか「生きがい」を考えられる。でも本当に貧しいと「生きがい」よりも、「今日を生きるために、明日を生きるために」が先にくる。

**まゆ**　前に本で読んだんだけど、ある日本人が、バングラで支援をするにあたって「問題なのはバングラデシュ発のブランドがないことだ」って言って、バングラデシュ発のブランドを立ち上げたの。一人でバングラデシュに乗り込んで、ジュート（バングラの特産品）を使ったバッグの作り方を一から学んでブランドを立ち上げた。この話から「ブランドがあるっていうことが大事なんだ」って思わされた。

**のえみ**　その地域でしか出来ないことを見つけるって大事だよね。

## メディアによる問題

**みほ**　映画の中で、「汚れたテーブルを新品のワイシャツで拭いたあと、ワイシャツをティッシュのように気軽にゴミ箱に捨てる」っていう内容のCMが出てきた。これって、「もともとは消耗品として見るべきじゃないものまで消耗品として見てしまう」っていうことだよね。「安ければもう消耗品でいいんじゃない」っていう安易な考えにつながっているのかな。本当は消耗品として扱うべきじゃないのに、そう扱っちゃうから、ファストファッションのイメージが悪くなっているんだと思う。ファストファッションを買うこと自体が悪いんじゃなくて、それを消耗品として見ちゃう考え方とか、それを促すような広告の仕方が悪いのかなって思う。

**ゆか** 買いたくなるように広告で消費者を促すから、無意識に何も考えずに手を出しちゃうんじゃないかなって思う。

**ひなこ** 私たちが着ている服が出来上がるまでの段取りって、分からないじゃん。海外の工場で作っていることは知っていても、実際に見たことはないし。

**のえみ** ファストファッションが存在することで、バングラとか発展途上国の労働者が安い賃金で搾取されているのはよくないと思う。それを知らずにファストファッションの服を消費し続けることも良くないと思う。でも今の日本ではファストファッションの裏側はほとんど報道されていないはず。私もForeverとかよく行くし、ファストファッションの服を買う人をただ単に否定するのは間違っていると思う。でもだからといってファストファッションの服を買うことを完全に肯定はできない……えー、

難しい！

みんな　難しい！

まゆ　先進国が自分たちの利点を追求した結果、ファストファッションっていうものが生まれちゃったんだと思う。
　ファストファッションが世界的に浸透しているのって、裏で起きていることを知らないからじゃないかな。なんとなく耳にはしていても、発展途上国の人があそこまで苦しんでいるって知らないから、何の違和感もなくファストファッションを着れるんだろうな。今からそれを変えるってなると「めっちゃ大変そうだな」って感じる。
　グローバル社会、グローバル社会って言うけど、他の国で起きてることってそんなに知らないよね。

のえみ　高校生ってやっぱり使えるお金が限られているから、「もうファストファッションは買わない」っていうのは辛い。私が今着ているこのジーンズも、ファストファッションのものだし。でもやっぱり、発展途上国の人と自然環境を考慮して作られた服も着たい。

だから服がどこでどのような環境で作られたかを知ることができる世界になったらいいなって思う。タグにメイド・イン・チャイナとか、メイド・イン・バングラデシュって書いてあっても、その服がどういう環境で作られたかは分からない。人道的な環境で作られた服だと思っていても、実際はひどい労働環境のもとで作られたものかもしれない。その逆だってあると思う。そうならないように、一目で分かるフェアトレードマークみたいなものが服にも欲しい。

## 最後に

**のえみ**　最後に、こうしたいって思うこと何かある？

**あやの**　「今年の冬だけ着れればいいや」みたいな感じで、使い捨て感覚で服を買っていたところがあった。でもそういう服もいろんな人の苦労とかが重なって出来たものだと知って、これからは大事にしたいなって思った。
　安くても壊れないこともあるじゃん。「安いからいいや」って、自分の扱いが雑になって壊れちゃうことが多いと思う。だから安い物でも「長く大切に使おう」っていう意識で扱えば、次から次へ新しいものが必要になることはないと思う。服を作っている人への感謝の気持ちも、しっかり持っていけたらいいなって思った。

**まゆ**　私は洋服を使い捨てている感覚はないんだけど、まずは、「使い捨ての感覚をなくす」っていうのが誰にでも出来ることだと思う。あとはその感覚を世界に広めることが大切だと思う。
　2年前、バングラデシュから帰ってきたときに「これ伝えなきゃ！」って思ったよね。

**みんな**　わかる、わかる。

**まゆ**

私、日本に帰ってきて、クラスのみんなに文房具の寄付を呼びかけたのね。「数本でも集まればいいな」って思っていたのに、ビールの一番大きい箱一杯分ぐらいの文房具が集まった。行動してみるって大事だなってその時すごい思った。

有名人が一声言うような影響力はないけど、それでも「0」じゃないし、「1」でも何かが変わると思った。みんなにも少しずつ動いていって欲しいなって思う。

**ひなこ**

大きいことばかりを考えちゃダメなんだよ。小さいことも大事なんだよ。それに私たちが安全にバングラデシュに行けたのも、ACEF（エイセフ）っていう団体があるから。実際は発展途上国に行くのって難しいと思うの。でも行けなくても、日本で出来ることは沢山あると思う。

**みほ**

今までファッションと発展途上国の関係を全然知らなくて、映画を見て初めてファストファッションっていう言葉を知った。こういう現状があることを知ったからには伝えていくことが大事だと思った。だから、こ

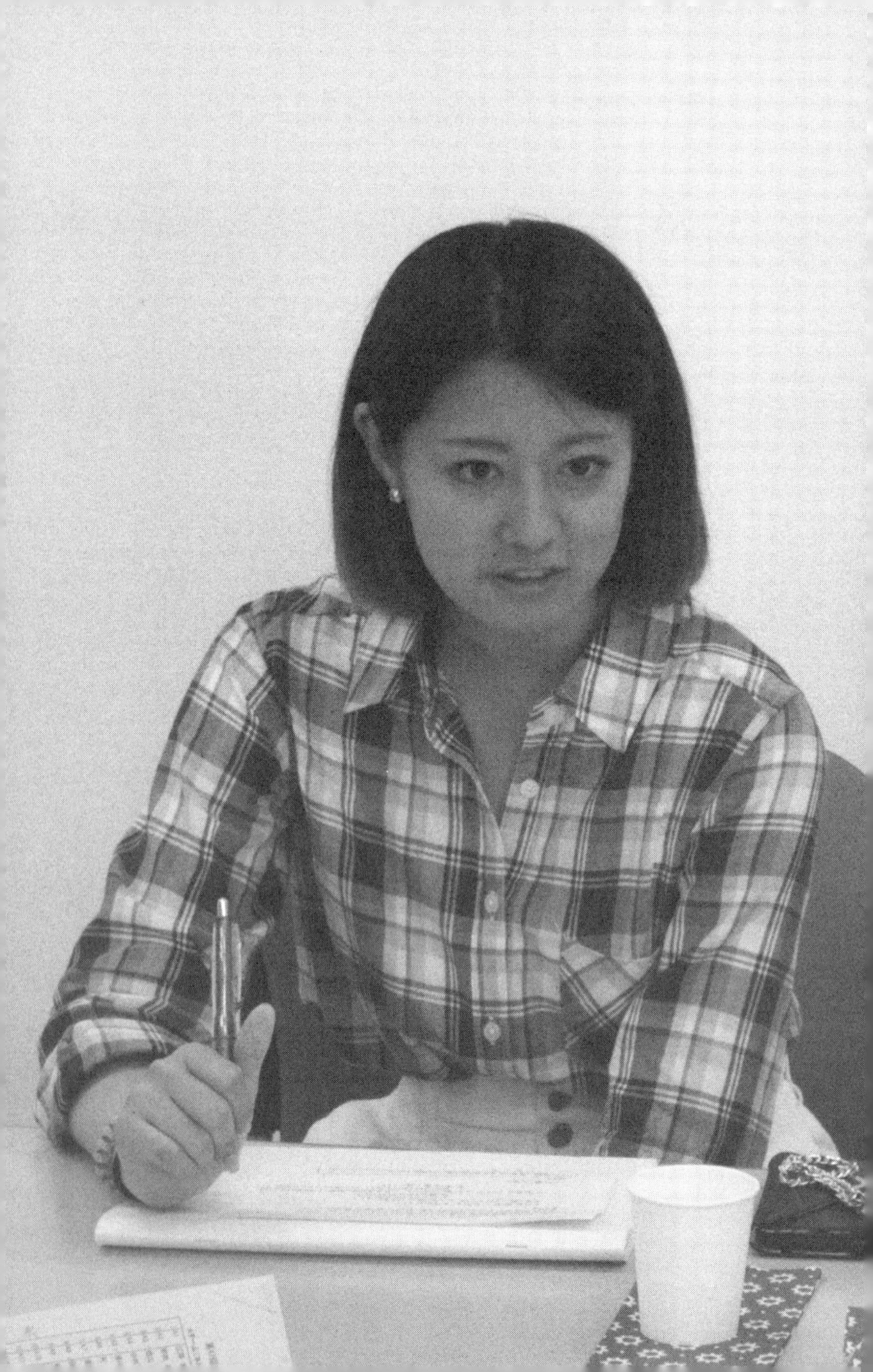

の座談会が終わって休みが明けたら友だちにこのこと話す。何らかの形でこう言う話を共有していきたいな。

**ともこ**　バングラデシュに行くって、周りの友達に与える影響が思った以上にあったみたい。発展途上国に興味を持って、行く人も周りにいた。やっぱり発展途上国に行くと、行っただけで終わらずにいろいろ考えるじゃん。そういうのがまた良い影響を与えていくんじゃないかと思う。私にできることって言ったら、少しでも多くの人に自分が知ったことを話していくことかなと思う。

**のえみ**　この本を通して発展途上国とかファストファッションに興味を持ってくれる人が増えるといいね。

# あとがき

『乃笑の笑み』

この題名には、

「笑顔から何かが始まるはず」

という思いが込められています。笑顔でいれば嫌なことだってどうにかなるし、何か新しいことに挑戦する勇気も出てくる。だからちょっと辛くても、口角は上げていたい、と今の私は思っています。

でも昔の私は人見知りのせいもあってか、口角があまり上がっていなかった気がします。名前に「笑」という漢字が入っているけど、私の言動とちゃんと見合っている名前なのかなって考えていました。かなりのネガティブでした。(笑)

だからバングラに行くときも、ネガティブさをちゃんと発揮して、

「行きたくない。絶対にバングラとかつまんないし、行く意味なんてないよ」

とスタツアを否定しまくっていました。飛行機に乗るときも拗ねたままで、笑

顔とは程遠い表情をしていました。

その2週間後、日本に帰ってきた私は、

「笑顔ってめっちゃいい!」

と思うようになっていました。バングラで出会った子どもたちやスタツアメンバーの笑顔を見ているうちに、みんなとお喋りしているうちに、遊んでいるうちに、自然といつも笑顔になっていました。楽しいときも辛いときも口角が上がっていました。物が無い分、お互いが素直になれて心と心が通じ合った気がします。だから誰もが心からのキラキラした笑顔をしていたんだと思います。そしてあのときの笑顔は、バングラから帰ってきて2年経った今もまだ続いていると思います。


何事に対しても消極的だった人見知りのかたまりの私が、ここまでポジティブになれたのは、一緒にバングラに行ってくれたスタツアメンバー32人みんなのおかげです。特にAチームのみんなには本当にたくさん迷惑をかけたと思います。準備会で初めて私と会ったとき、誰もが「この子とどうやって接しよう……」って思ったはず。

迷惑かけてごめんなさい。でもみんなと過ごした2週間は本当に楽しくって、

最高の思い出です。ありがとう♥

バングラデシュでお世話になったＢＤＰのスタッフさん方、一緒に遊んでくれた子どもたち。たくさんお世話になりました。バングラに対する私のイメージを丸っきり変えてしまうくらい、みなさんの笑顔は温かくて、輝いていました。

そして、さだまさしさんと廣田泰永さんには本当にお世話になりました。『風に立つライオン』がきっかけで、さださんの事務所にお手紙と私の本の原稿を持って行ったことで、「戸を叩いてみること」の大切さを学びました。さださんに帯にメッセージを書いていただけたことは、きっといつまでも自慢し続けると思います。（笑）それぐらい本当に嬉しかったです。ありがとうございます。

メンバー・スタッフさんの似顔絵を描いてくださった村苑子さん。座談会に快よく参加してくれた佐々木まゆさん、中村綾乃さん、福田悠夏さん、外種子日向子さん、宮森海帆さん、森田智子さん。ＡＣＥＦでお世話になった井上儀子さん、前田恭子さん。元女子聖学院校長の田部井道子先生、それから山口博校長先生、高橋恵一郎先生をはじめとする女子聖学院の先生方。文章の学校でお世話になった安西美佐緒さん、田中伊織さん、岡本真一さん、唐沢明さん。沢山のアドバイスをくださり背中を押してくださった清水章弘先生をはじめとするプラスティーの先生方。原稿を読んで意見をくれた同世代の友だち。みなさんが「無理でしょ」と言うのではなく、「面白そうじゃん！」と励ましてくださったからこそ、ここまでくることができました。

サンパウロの徳田隆仁さん、大山聖一さん、寺田武彦さん、石水智道さん。半強制的だったけれどもバングラに行かせてくれた母。外務省の海外安全ホームページを見て心配してくれていた父。本当にありがとうございました。私一人では何もできなかったと思います。

本を手に取って最後まで読んでくださった読者のみなさん。ありがとうございます。この本が何かに挑戦する後押しになればすごく嬉しいです。

この地球上に73億の「笑み」が咲き誇る日がきますように……。

２０１６年8月

川嶋　乃笑

そして子どもたちは私たちに、
「夢を信じて追い続ける」ことを教えてくれた。

だから私はいつまでも夢を追いかけていたい。
辛かったり、恐かったりするかもしれないけど
1度やると決めたことを簡単に諦める人になりたくない。

それがバングラで出会った子どもたちと
繋がっていることにもなると思うから。

**著者紹介**

川嶋　乃笑（かわしま　のえみ）

1998年生まれ。女子聖学院高等学校在学中。
周りからは、「自由気ままでツンデレな乃笑」とよく言われる。
蜘蛛が大の苦手で、大きさに関わらず見つけた瞬間に叫んで逃げる。

乃笑（のえみ）の笑（え）み
一番行きたくなかった国　バングラデシュ

著　者――川嶋　乃笑

発行所――サン パウロ

〒160-0004　東京都新宿区四谷1-13　カタオカビル3階
宣教推進部（版元）(03) 3359-0451
宣教企画編集部　(03) 3357-6498

印刷所――日本ハイコム㈱

2016年9月30日　初版発行


ISBN978-4-8056-6935-8　C0036（日キ販）

ラジオ体操 → 朝拝 → BF → ゴロゴロ → オリエンテーション
→ランチ → サロウカ Shopping♡ → ゴロゴロ & Dinner
ディコさん → シェアリング、日記とか
→ Bed♡

VSPとは…

Vocational school program
(職業訓練校) 1999年〜

4クラスある。

無料!!!

小学校とかでドロップアウトした
子どもたちとかのために♡

おもいほとクラスは、
5、6年生 + お母さんたち

31%の人が世界の貧困ライン基準を下まわっている。
↓
毎日の生活に苦しんでいる。 → 貧困によって いさかい、犯罪、不健康etc… を導く。

VSPで
生活能力、健康状態を上げる。

→悪循環を止める。

小さな試みだけど、大きい山を少しおうつ
これしていく。

計142人が通っている。

「貧しさ&学校数の不足」によって、学校に通えない子どもたちを支える。

Head Office + 6 ~~Head Office~~ Working Area

ボグラ、ガンジ → インドとの国境近く